곧 또개어질
우리의 시차를 기다리여

from
eugene

찬란을 기대하지 않는 찬란

찬란을 기대하지 않는　　　　　　　　찬란

이유진 산문집

디플롯

프롬의 글을 읽다 보면 어쩐지 두툼한 옛 사진 앨범이
떠오른다. 영국에서 아이슬란드로, 부산에서 신촌으로,
뮤지션에서 생활인으로 종횡무진하는 그의 이야기를
따라가다 보면 여러 상들이 사진처럼 마음속에
차곡차곡 쌓인다. 거기엔 하나같이 아름답고 아련한
빛이 서려 있다. 나는 문득 눈이 부시는 게 아니라
마음이 부시는 이런 빛을 '찬란'이라 일컫는 것인지 이
책 안에서 기쁘게 궁리한다. 말해놓고 보니 프롬은 삶을
담은 앨범에도, 음악을 담은 앨범에도 능한 사람이라는
것을 깨닫는다. 그런 그의 독차지가, 마땅하다.

요조 뮤지션, 작가

뮤지션 프롬의 문을 열고 들어가면 인간 이유진이라는
방이 나온다. 문에서 방 안까지는 한 걸음이지만,
그 걸음 속에 겹겹의 이야기들이 페이스트리처럼 놓여
있다. 어떤 겹은 너무 솔직해서 아프고, 어떤 겹은 너무
찬란해서 눈부시다. 한 사람을 깊이 이해하는 가장
좋은 방법은 그가 쓴 '첫 책'을 읽는 것이다. 첫 책이
얼마나 그 사람을 닮아 있는지 책을 읽고 나면 알게
된다. 그가 어떤 모양과 온도로 이 세상을 사랑하는지.
어떤 태도로 여행을 하고 노래를 지어 부르며 그 스스로
음악이 되는지. 그러므로 이 책은 '심장박동'이다.
책장을 넘기는 내내 바람이 솔솔 불어오는 옥상에
서서 쏟아지는 노을을 독차지하는 느낌이 들었다.
그리고 깨달았다. 프롬을 영원히 사랑하게 되겠구나.
플레이리스트에서 프롬이 빠질 수 없는 이유 하나를
더 얻었다. 오직 그만이 가지고 있는 '맑은 본질', 자신의
안쪽을 아낌없이 내어준 이 책으로 말미암아.

안희연 시인

차례

사진 산문	사라지기 위해 무늬가 되는 것들은	9
프롤로그	시간은 실시간으로 도착하지 않는다	27

해가 지지 않는 곳으로   31
잘 도착했어요   45
불꽃이 번지는 속도   54
더 많은 노래가 남아 있어요   62
나의 이름은   68
이름을 불러줘   75
여름을 사랑한 첫날   81
내가 꿈꾸던 집   90
창백하고 아름답고 공평한   97
하루의 끝   106
슬픔을 위한 체리   111

마음의 감각	116
명작과 습작 사이에서	122
어느 봄밤의 증명들	133
불법 싱어송라이터	141
좋아하는 것을 좋아하세요?	149
장마의 시작	159
당신의 심장박동은	166
밀려드는 것	170
기억력의 행방	178
떠날까	185
한 장의 사진 속에는 얼마만큼의 하늘이 담겼나	194
샤워와 빗장	202
나의 불량함은	209
무지개 별과 용궁 사이	218
차가워지지 않는 것은	226
영원 같은 밤에	234
인생, 도쿄 그 어딘가	248
에필로그 두 개의 빛	255
부록 찬란 플레이리스트	262

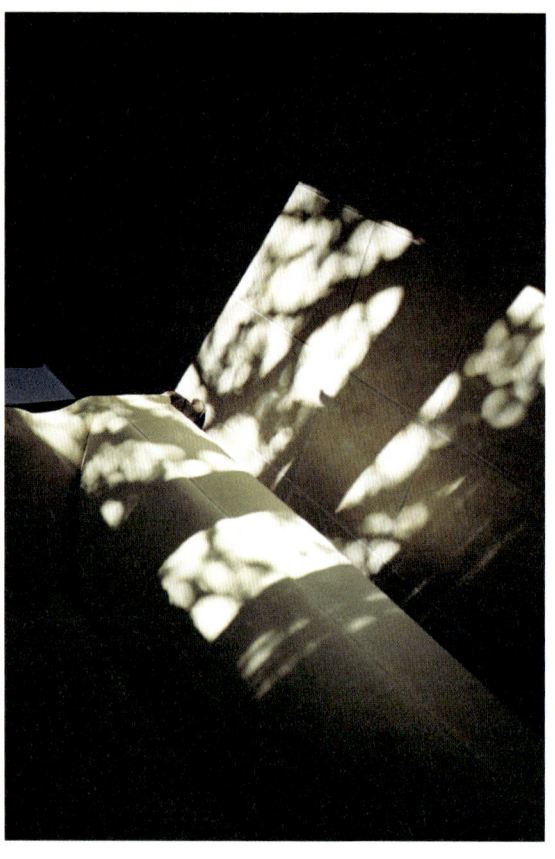

표지 사진

녹지 않는 계절 한가운데

| 요쿠살론, 2022, 찬

사진 산문

사라지기 위해 무늬가 되는 것들은

1   창가에 놓아두면 익는 감정들이 있어 | 마요르카, 2022, 이유진

2   저장되지 않은 목소리에는 울음이 묻어 있다 | 서울, 2022, 찬

3   불 꺼진 방 안에서
      기다릴 것들의 마음을 생각해야 해 | 서울, 2024, 이유진

4   햇살을 통과한 기억을 줍는 일 | 캔터베리, 2024, 이유진

5   꽃들은 어디서나 말이 없었고 | 마요르카, 2022, 이유진

6   잊힐 사람들과 어깨를 부딪히며
      알게 된 여름의 존재 | 마요르카, 2022, 이유진

7   얼룩 위에 흰 마음을 얹는 계절 | 서울, 2024, 이유진

8   평화는 늘 뒤에서 몰래 따라온다 | 오타고, 2024, 이유진

9   흐린 축제 | 서울, 2018, Rie

10   일렁이고 스며드는 것
       말없이 말할 수 있는 모든 것 | 마요르카, 2022, 이유진

프롤로그   시간은 실시간으로 도착하지 않는다

어노니머스 프로젝트 사진전을 본 적 있다. 산책하듯 가볍게 들어선 전시장이었다. 1940년대부터 1980년대 사이, 천연색 코다크롬 필름으로 촬영된 아마추어 사진들은 작가도, 피사체도, 의도도 불분명했다. 그러나 이름 모를 이들의 아주 사적이고 생동감 넘치는 일상이 하나하나 눈이 시릴 만큼 선연히 빛나고 있었다.

생일케이크 앞에서 숨을 모으는 아이들. 카펫 위에서 털북숭이 동물들과 널브러진 오후, 반짝이는 눈으로 터질 듯한 웃음을 참은 채 멈춰 선 얼굴들. 그들과 눈을 맞추는 내내 이상하게 울렁거렸다. 지금 우리와 다를 바 없는 얼굴이지만, 이제는 세상에 없는 사람들. 가까이

서면 숨결이 닿을 듯한 생기 때문이었을까? 시선의 지연된 응시와 시대를 건넌 잔광 앞에서 나는 문득 깨달았다.
'시간은 언제나 실시간으로 도착하지 않는다.'
오래된 필름 속에서 내 가슴으로 이제 막 도착한 이 감정처럼 말이다.

음악도 그렇다. 발신된 노래는 시차를 품고 있다. 벽에 부딪히고 공간을 맴돌다 퍼지는 기타의 긴 잔향처럼, 음악은 내가 녹음하고 매만진 순간으로부터 훨씬 나중에야 누군가의 마음에 닿는다. 세상에 나온 지 오래된 노래에 오늘 댓글 알림이 도착하는 것처럼, 누군가에게 내 노래는 훗날에서야 '지금'이 되는 것이다. 내가 없어도 나의 노래는 흐른다. 이 시차는 내게 언제나 반갑고 느슨한 구원이다. 내 이야기도 누군가의 '지금'에 닿게 될까.

나는 종종 상상했다. 내가 죽은 뒤 누군가 내 일기를 들여다보는 장면을. 그런 날을 생각하면 수치심에 죽은 채로도 또 죽고 싶어진다.(부디 내가 행여 의문사해도 내 일기장은 열지 말아주세요. 그대로, 미스터리한 삶으로 남게 해주세요.) 그럼에도 나는 지금, 이렇게 나의 이야기를 엮고 있다. 아직 덜 마른 마음을 탈탈 털어가면서.

속마음을 들키는 일은 부끄럽다. 낯선 글쓰기를 시작한 순간부터 나는 줄곧 그랬다. 언젠가 내가 더 성숙해진 후에 이 이야기를 들여다보게 될 날이 올 테니까. 그땐 지금의 이 문장이 오래전 떠난 내 목소리의 잔향처럼 돌아와 내 서투름을 따져 물을지도 모른다.

그렇지만 이 이야기들을 매만질 때 가끔은 그런 순간이 있었다. 고유하다는 것만으로 내 삶이 알록달록 아름답게 보이던 순간이. 그럴 때 나는 문득 코다크롬 필름 속 눈빛들을 떠올렸다. 이 이야기들이 책장 어딘가에 조용히 멈춰 있다가, 누군가가 들여다보는 순간 다시 숨을 쉬게 되는 장면을. 오래된 내 과거가 누군가의 '지금'을 만나 다시 현재가 되는 순간을. 마치 웃음을 참다 찍힌 사진처럼, 내 삶의 한 부분이 그대로 오려져 글 속에 영원히 머물게 되는 기분이었다. 그런 순간들을 상상하면 부끄러움도 약간은 다른 형태로 진화하는 듯했다.

그래서 나는 내 부끄러움을 아주 먼 미래로 유예한다. 이곳에 찬란을 기대하지 않았던, 무엇도 되지 못했던 나의 시간들을 담아둔다. 그리고 바란다. 이 마음도, 이 글도 시간이 지나 부끄러움 그대로 어디론가 도착하기를.

그날의 별이 다시 뜨는 밤에, 맨 얼굴을 닮은 그리움 같은 것이 되기를. 그렇게 찬란해지기를.

해가 지지 않는   곳으로

낮 인간과 밤 인간이 있다면, 나는 밤 쪽으로 완전히
기울어진 사람. 밤을 팔아 살아가는 사람이라 해도 과언은
아닐 것이다. 그런 내가 해가 지지 않는 곳에 서 있다니.
운명의 실타래가 풀리다 한 올 어긋나 도달해버린, 어딘가
비틀린 장면 같았다.

'레이캬비크'라는, 이름조차 낯선 도시에 도착했다.
본격적인 여름이 시작되는 시기였지만 알 수 없는
스산함이 감돌았다. 밤이 되어가는데 여전히 밝은 하늘을
바라보며 몸을 잔뜩 움츠렸다. 얼음의 땅. 나라 이름이 완전
직역이군. 별다른 입국 절차도 없이 내린 곳에서 그저 몇
걸음 걸어 아이슬란드에 발을 디뎠다. 6월 말의 레이캬비크

공항이었다. 이곳에 오게 된 것은 순전히 우연이었다. 밴드 피터팬컴플렉스가 영국의 글래스톤베리 페스티벌 무대에 서게 되었고, 감사하게도 함께 그 무대를 꾸미기 위해 영국으로 향했던 것이다.

1

글래스톤베리. 음악을 사랑하는 이들이라면 한번쯤은 꿈꿔보는 이름. 영국의 서머싯주 시골 농장에 닷새 동안 20만 명이 몰려드는 세계 최대 규모의 음악, 예술 축제다. 비가 잦은 영국답게 장화는 필수. 사람들은 진흙탕 속에서 텐트를 치고 먹고 자고 춤추며 무대를 즐긴다. 누구라도 홀리게 만드는 라인업이 매력적이지만 티켓을 구하는 것부터가 전쟁이고 이동 과정도 체류비도 모두 극악의 조건이다. 그럼에도 합법적 광란을 위해 전 세계의 낭만파들이 휴가를 몰빵하며 몰려드는 곳. 어떤 불편함을 감수하고서라도 경험하고 싶어 하는 진흙판 위의 낙원. 자연과 예술의 공존을 표방하는 오지 페스티벌인 셈이다.

나도 낭만파이긴 하다. 다만 고된 낭만에는 서툴고 어쩐지 인색해진달까. 먼저 다녀온 친구들의 얘기를 들을 때면

"좋았겠다!"를 오만 번쯤 외치며 감탄하면서도 막상
그 여정을 생각하면 피로감에 엄두가 나지 않았다. 큰돈과
진흙탕의 생고생으로 사야 하는 낭만이라면 안 사고 만다!
그런 곳에, 번거로운 과정은 모두 건너뛴 채 아티스트로
서게 될 줄이야.

피터팬컴플렉스 멤버들은 나의 음악적 시작을 함께했을
뿐 아니라 오랜 시간 곁에서 도움을 준 사람들이다.
편하기도 하지만 모두 범상치 않은 개성을 가진 이들이라
함께 있으면 흥미롭고 즐겁다. 그러니 처음 해외에서
함께할 이번 일정을 앞두고도 내 마음은 한 톨의 불순물
없는 설렘과 기대로만 가득했다. 특히 밴드의 리더이자
보컬인 지한은 내가 아는 이들 중 천재라는 말이 가장
자연스럽게 붙는 사람이다. 이야기를 나누다 보면 어느새
내가 놓치고 있던 부분에 느낌표를 만들어주거나 흉내
내고픈 단어나 문장을 툴툴 흘리곤 해서, 곁에
있으면 주위 담을 것이 넘쳐났다. 보통의 기준으로 보면
한없이 비전형적인 사람이지만, 즉흥적이고 기발하고
아주아주 웃기다는 점에선 괴짜의 전형이자 교과서 같은
사람.

영국에 가는 김에 의상디자인을 하는 친구 장유와 합류해
여행을 이어 가기로 하고 페스티벌 이후 일정을 궁리하던
중이었다. 스위스를 갈까, 파리를 갈까 고민하던 차에
뜬금없이 지한이 끼어들어 툭 제안을 던졌다. "나는
아이슬란드에 갈 거야. 네가 운전을 좀 해주면 좋겠는데."
나를 글래스톤베리에 데려가주기로 한 귀인이 뜬금없이
제안한 여행지에 나와 내 친구 장유까지 결정권을 순순히
내려놓고 눈만 끔뻑댔다. 그렇게 새로운 동행과 행선지는
곧바로 정해지고 말았다.

글래스톤베리에서의 시간은 꿈같아서 달고, 또
꿈같아서 조금 공허했다. 그날 밤 메인 피라미드 무대는
라디오헤드였고, 걷는 곳마다 내 플레이리스트 뮤지션들의
라이브 공연 소리가 들려오는 상황이 벌어졌다. 템플스,
더 내셔널, 하임, 메트로노미, 피닉스, 휘트니…… 한국에서
보기는 사실상 불가능한 공연들이 펼쳐지고 있었다. 상상
속에서 납작한 이미지로만 존재했던 수많은 뮤지션들을
발길 닿는 곳마다 삼차원적 형체로 마주한다니. 여한이
없다는 말은 이럴 때 하라고 있는 거겠지. 상업적 브랜드의
후원을 전혀 받지 않아서일까. 이곳을 둘러싼 환경은
자연스럽고 개성 넘치는 아름다움으로 가득했다. 섹션별

표지, 필드간판, 쓰레기통의 꾸밈마저 색색으로 익살스럽고 예쁘다. 빈티지 영화 속 거대한 축제 현장에 들어와 있는 것만 같다. 곳곳을 돌아만 다녀도 '예술력+5'가 되는 느낌. 스스로 작품 속 한 장면이 된 것만 같아서 벅차다. 텐트에서 밤새 꺼지지 않는 음악 소리에 쿵쿵 진동하며 잠들었더니 알록달록한 꿈속에서도 내내 노래를 하고 춤을 춰야 했다.

먼 곳까지 날아와 이 환상 같은 페스티벌의 일부가 되었건만 무대에 선 시간은 어느 공연보다도 더 짧은 찰나처럼 느껴졌다. 정신없이 돌아가는 세팅과 리허설, 끝없이 세워지고 철수되는 수많은 무대. 높은 곳에서 바라보면 거품처럼 흘러가는 사람들의 정수리와 흩날리는 깃발들. 그리고 눈부신 빛깔들의 리본 타워가 마치 다른 세상의 한 장면처럼 펼쳐졌다. 반면에 무대 대기실 텐트 속에서 마주하는 거울은 어쩐지 더 적나라하고 현실적이었다. 습기를 머금고 곱슬거리는 머리를 바라보다 고데기 한 번 못 대본 채 무대에 올랐다. 친환경 페스티벌답게 대기 공간에서조차 전기를 쓸 수 없었기 때문이다.

약속된 두 차례의 공연 중, 래빗홀이라는 작은 공연장에서 첫 공연을 마치고 내려오는 길이었다. 빗방울이 한두 방울씩 떨어졌다. 신스팝을 하는 밴드의 장비는 어마어마하다. 모두 자신의 몸만 한 캐리어와 카트를 끌고 말없이 멀고 먼 아티스트 텐트촌까지 걷는 중이다. 이사라도 하듯 이 장비들을 한국에서부터 끌고 영국으로 넘어온 것이다. 관객들은 몰랐겠지만, 공연 중 약간의 타이밍 실수가 있었던 걸 저마다의 이유로 자책하는 듯한 뒷모습이다. 페스티벌의 기운이 순식간에 무거운 공기처럼 내려앉았다. 우리도 바닥의 진흙처럼 축축해졌다.

이럴 때 나는 너무나 가벼운 역할의 참가자라서 그들의 짐을 공평히 나눠 들지도 못하고 위로를 해줄 자격도 조용히 잃어버린다. 지한의 어깨가 무척이나 무거워 보였다. 이 사람들을 이끌고 해외 페스티벌에서 완벽한 공연을 펼쳐내야 하는, 우리 중 책임이 가장 막중한 사람. 날 선 감정들이 오가고 서로를 탓할 법도 한데 그들은 이미 오래된 가족과 다를 바가 없다. 이 침묵은 누가 얼마만큼의 무게를 갑옷처럼 입고 있는지 아는 자들의 침묵. 그들은 다만 이렇게 침묵을 입고 걸을 뿐이다.

텐트에 도착하자마자 보완할 점을 두고 열띤 회의가
시작됐다. 그들은 잠시 흩어졌다 다시 맞춰지는 퍼즐 같다.
각자의 자리에서 서로의 빈 곳을 채우며 이내 하나의
온전한 형태를 이룬다. 그 밤도 누군가 던진 자조적 유머에
다시 "와하하" 웃으며 "멋있게 잘하자"로 마무리됐다.
밴드란 이 얼마나 심오하고 위대한 관계인가. 혼자
활동하는 나는 애초에 가질 수 없는 관계의 회복탄력성을
보며 그 결속이 지닌 경이로움을 실감하고 또 부러워했다.

모두가 필사적인 마음으로 마지막 무대에 올랐다. 각성된
덕분인지 오히려 관객 수도 무대 크기도 그 무엇도
상관없는, 더없이 행복한 마음이 되었다. 예민하게 장전된
채 무대에 올라야만 피어나는 이완감도 있다. 모든 게
칼처럼 날카롭고 또 유연하게 무대를 가로지르는 그런 기세.

> 오 느낌이 좋아 오 기분이 좋아
> 너와 나 사이에 무언가 있어
> 불꽃 같은 것

피터팬컴플렉스 노래, 전지한 외 작사·작곡,
〈자꾸만 눈이 마주쳐〉(2008) 부분. KOMCA 승인필.

내 순서가 끝나고 내가 가장 사랑하는 피터팬컴플렉스의 노래가 무대에서 불릴 때, 나도 천막 옆에서 모두와 함께 춤을 췄다. 파란 무대 텐트 아래에서 관객들도, 무대에 선 사람들도 모두 푸른색이 되었다. 우린 핏기와 이성을 잃은 뱀파이어 같기도, 푸른 바다에서 막 건져낸 은갈치들 같기도 했다. 그 모습으로 푸르게 빛나고 또 흔들렸다. 이 무대 천막 안에 있는 모든 사람들 앞에 무언가가 아른거렸다. 어떤 불꽃 같은 것이.

무사히 우리에게 주어진 것들을 잘 마치자 지금껏 장화에 진흙처럼 달라붙어 있던 불안을 떼어버릴 수 있었다. 하나의 숙원을 함께 풀어간다는 건 참 좋은 일이다. 이럴 때 우린 같은 무게로 가벼워지고, 같은 온도로 뜨거워진다. 이제 남은 건 이 순간을 즐기는 것뿐. 모든 스태프가 다 같이 모여 아티스트 텐트 뒤편에 둘러앉았다. 이 꿈같은 시간, 서로의 노고에 고마움을 표하며 긴 여정을 함께 해냈다는 뿌듯함을 나누었다. 이런 순간은 정말이지 더없는 무결의 행복이다. 누군가 잔뜩 사 들고 온 맥주로 깡, 하고 시원하게 건배를 했으나 생강음료(진저비어)였던 것만 빼고.

2

이맘때 아이슬란드는 백야 시즌이다. 살짝 노을이 질 것 같은 하늘을 본 뒤 잠시 씻고 나왔을 뿐인데, 하늘은 다시 새벽을 지난 아침 빛이 되어 있다. 빙하같이 창백한 하늘 아래, 시간은 밤을 지워버렸다.

본격적으로 여행이 시작되자 우리는 감탄을 멈추지 못했다. 웬만한 것에 심드렁한 인간인 나에게도 아이슬란드의 압도적인 풍광은 입이 떡 벌어질 만큼 충격적인 스케일이었다. 이런 쾌락적 광경 속에 머물다 돌아가면 얼마나 더 현실을 시시해하는 인간이 될까 두려울 정도로. 밤낮없이 쿵쾅대던 베이스와 불빛, 인간들로 가득 찼던 축제를 지나 정반대의 공간에 닿았기 때문일까. 이곳만의 채도와 낯선 자연의 형태, 아름다움마저 서늘한 이 차분한 기괴함에 나는 완전히 매료되고 말았다. 특히나 '산할아버지 구름모자 쓴' 장면을 보면 기분이 오묘하게 타올랐는데, 거대한 검은 화산, 그 허리춤에 낮게 걸려 있는 하얀 구름, 손에 닿을 듯 생생한 색상의 대비가 현실과 비현실의 경계처럼 느껴져서였다. 차창 너머 그 장면을 볼 때마다 감탄하며 소리를 지르자 장유는 발견하는 족족 창문을 톡톡 치며 "저기, 저기

산할아버지!" 하고 알려주었다. 보라색 루피너스 꽃으로 가득한 대지를 달릴 때는 몸이 땅에서 두둥실 떠오르는 듯했고, 안개에 잠긴 검은 모래 해변을 걸을 때면 뿌연 시야에 원근감도 미약해져 내가 서 있는 곳조차 희미해졌다. 장유와 나는 우리가 아까 죽은 게 아니냐며 생의 감각을 알려주기 위해 서로의 손을 꼭 잡기도 했다.

지한은 본인이 선택한 여행지임에도 쩍쩍거리는 나와 장유의 감탄에 좀처럼 물들지 않았다. 출발 전, 웬만한 경험은 다 해봐서 더 이상 새로울 것이 없다고 호기롭게 장담했던 터라 감동을 느끼고도 애써 감추는 게 아닐까 의심이 들었다. 그 와중에도 굴포스 폭포 위에서 팬을 만났을 땐 물보라를 맞으며 스무 개쯤 치아를 드러내고 함께 사진을 찍기도 했다. 하지만 우리가 사진을 부탁하면 흘러가는 풍경을 그냥 두라며 유유히 사라질 뿐이었다. 나중에는 뭔가 포기한 듯이 먼저 나서서 사진을 찍어주기도 했는데 결과물은 언제나 거대한 풍경 아래 머리만 아슬아슬하게 걸쳐 나온, 이름하여 단두대 숏이었다.

그런 풍경 사이를 정신없이 떠돌아다니다 현실감을

맞닥뜨린 건 배고픔 때문이었다. 요리할 공간이 없는 숙소에서 지내며 며칠간 쫄쫄 굶다시피 했던 것이다. 춥고 배고픈 게 왜 사람을 가장 초라하게 만드는 조합인지 알 것만 같았다. 취사가 가능한 숙소에 도착해서야 매운 카레를 만들어 먹고 으슬으슬 뼛속까지 스며들던 한기를 물리쳤다. 그제야 빙하를 오르느라 지친 다리를 소파 위에 얹고 각자 늘어졌다. 창밖은 여전히 대낮 같다. 시계를 보니 밤 12시. 뜨거운 것을 속에 넣고 나서야 우리는 밤이란 걸 자각했다. 시간의 감각이 자연스레 왜곡되어 정신 차리지 않으면 너무 오랜 낮을 살게 된다. 해가 지지 않는 곳에서 깊은 밤을 마주한 우리는 각자 자기 몫의 밤을 찾아가야 했다. 암막 커튼을 치고 누워도 노출되지 말아야 할 광선에 노출된 사람처럼 감각이 점점 예리하고 선명해지는 이상한 기분의 낮, 아니 밤이었다.

언젠가 시규어 로스의 내한공연을 보았을 때 그동안의 사랑이 무색하게 너무도 거룩해서 몇 번이나 졸았었다. 아이슬란드를 여행하면 이 밴드의 리더 욘시를 만나기도 한다던데. 출발 전엔 그런 불순한 기대도 좀 있었으나 직접 만나지 않아도 충분할 정도로 그들의 나라에서 듣는 그들의 음악은 이 모든 풍경의 해답 같다.

―   시규어 로스, 〈Untitled 4〉

햇살에 반짝이는 흙먼지를 가르며 시규어 로스의 음악을
듣는다. 앞자리엔 지한이 출렁이는 눈동자로 길 끝을
응시하고 있다. 뒤를 돌아보면 빨간 선글라스를 쓴 장유가
창가에 기대 머리를 흔든다. 살랑대는 머리카락 사이로
압도적 풍경을 떠나보내고 있다. 그 풍경은 너무 거대하고
낯설어 마치 잠들지 않은 채 꾸는 꿈 같다.

―   한스 짐머, 〈First Step〉 │ 키아스모스, 〈Looped〉

바랜 듯한 빛깔의 백마들이 초원을 달린다. 곧 이끼로
뒤덮인 돌밭이 끝없이 이어진다. 이런 풍경을 지날 때마다
이곳이 불시착한 행성 같다. 영화 〈인터스텔라〉에서
중력이 강한 곳은 시간이 느리게 흐르듯 우리도 끝나지
않는 하루를 살고 있다. 영화 속 사운드는 여행 내내 이루
설명할 수 없는 어떤 벅차고 기이한 감정 상태에 머물게
한다.

―   뮤, 〈Comforting Sounds〉

뮤의 음악을 틀고 스카프타펠 빙하를 향해 광활한 대지를
가로지른다. 풍경과 음악이 화학작용을 일으킨다. 언젠가
이런 장면을 상상하며 이 노래를 들은 적이 있다.

완벽한 풍경과 음악이 만날 때마다 볼륨을 크게 높였다. 우리는 모두 그 순간을 본능적으로 받아들였다. ⟨Comforting Sounds⟩의 폭음 같은 후반부가 우리를 감싸고 있는 거대한 대지와 하나로 합쳐지는 찰나, 우리는 숨소리조차 내지 않고 각자의 방식으로 그 풍경을 흡수했다. 감정에 '완벽'이라는 단어를 붙일 수 있는 몇 안 되는 인생의 순간. 그때마다 심장이 뻐근하게 아파올 지경이었다. 아랫니 아래 어딘가부터 저릿저릿해오며 내 평생 재생될 강력한 기억이 만들어지는 순간이었을 테니. 이곳에서 듣는 음악은 그저 배경음이 아니라 비현실적인 광경을 현실로 받아들일 수 있게 하는 일종의 매개 혹은 증폭 장치처럼 작용하는 게 틀림없다.

순전히 우연한 조합이였던 우리 셋은 의외로 아주 죽이 잘 맞았다. 애초에 지한이 아니었다면 나와 장유는 아이슬란드에 아직 가보지 못했을지도 모르겠다. 약간의 신경전이 있기도 했고, 투어에 늦어 속도를 내다 갑자기 나타난 경찰에게 사십만 원짜리 딱지를 끊기도 했지만, 적어도 우린 이곳의 풍경을 완전히 자신의 것으로 만드는 방식을 알고 있었다.

끌림의 방향이란 게 애초에 타고나는 감각에 따르는 것이라면, 난 왜 이토록 기이한 풍경에 매료되는 걸까. 세상의 끝에 현실을 넘어선 풍경이 존재한다는 것에도, 내가 그 광활함 속 한 점에 불과하다는 깨달음에도. 그럴 때마다 찾아오는 설명할 수 없는 외로움 같은 것에 나는 왜 자꾸 빠져드는 걸까. 살면서 이런 순간을 다시 만날 수 있을까. 결코 답할 수 없는 질문을 떠올리며 언젠가 이곳으로 돌아오리라고 다짐했다. 끝나지 않는 하루를 달리는 듯한, 눈을 뜬 채 꾸는 꿈 같은 이 이상한 여름의 아이슬란드를 다시 찾아오리라고.

그날, 그곳을 달리며, 우린 아무 말 없이 각자의 밤을 통과하고 있었다.

잘   도착했어요

다음 살 곳을 알아보러 버스를 타고 신촌역으로 향한다.
신촌. 신촌이라. 지명만 들어도 서울에 와 있다는 실감이 나
심장이 두근거린다. "룰루랄라 신촌을 향하는 내 가슴은
마냥 두근두근……" 일기예보의 노래 가사처럼 룰루랄라
가야만 할 것 같은 신촌. 내가 그 신촌에 가고 있다니!

지금 내리실 곳은 이대역입니다. 버스 안내방송에 깜짝
놀란다. 신촌 가는 길에 이대가 있어? 서울 멋쟁이들이
쇼핑한다는 그 거리. 아가씨처럼 옷을 입는 여자애들은
모두 이대 앞에서 옷을 산다는 이야기를 종종 들어왔다.
신촌과 이대가 연결되어 있다는 사실에 혼자 입을
틀어막고 궁둥이를 들썩이며 오두방정을 떤다. 커브를 도는

버스 차창에 얼굴을 딱 붙이고 이대 골목길이 보이려나 한참을 째려본다.

버스 안에서 익숙한 지명을 지날 때마다 구전으로만 전해 듣던 전설의 세계로 걸어 들어온 것처럼 식은땀이 나고 전운이 감돌았다. 텔레비전 프로그램이 끝날 때마다 사서함 주소로 나오던 영등포구. 처음 영등포의 큰 표지판 아래를 지날 때는 '영등포'라는 글씨의 위압감이 나를 짓눌러 버스 바닥에 무릎을 꿇을 뻔했고, 여의도공원을 지날 때는 글자 속 동그라미 네 개가 떠나온 거리만큼의 속도로 심장을 훅, 하고 관통해 지나는 것만 같았다.

서울은 외국보다도 더 멀게 느껴지던 곳, 익숙해서 더 낯선 완벽한 타지였다. 지명이 타지에 대한 경외감으로 다가왔다면 언어는 낯설고 생경한 감각으로 파고들었다. 우습지만 부산에 살 때는 텔레비전에서 나오는 언어와 내가 쓰는 말이 다르다는 것을 인식하지 못했다. 늘 접하는 미디어는 귀에 익숙했다. "우리가 쓰는 말하고 테레비에 나오는 말하고 뭐가 다르노?" 동네 친구들이 모이면 서울말과 부산 사투리의 간극에 의아해하다가도 아빠의 서울 친구가 집에 놀러오면 그제야 서울말은 완전히 다른 언어처럼 들리곤 했다. 부산말은 서로의 앞에 툭툭 던져두는 언어라면 서울말은 나긋나긋 공중에서 리듬을 타며 상대에게 건너가는 언어였다.

서울 생활을 시작하며 마주한 언어의 음파들은 내가 완벽한 이방인이란 걸 통감하게 하는 서라운드 인지 시스템이었다. 사람들을 따라 발음과 뉘앙스를 흉내 내 말하면 누군가는 전혀 부산 사람인 줄 몰랐다며 왜 사투리를 쓰지 않느냐고 물었고 귀가 예민한 몇몇은 내 말투 안에 숨은 사투리를 금세 알아차렸다. 그러면 뭔가 숨기려다 들킨 사람처럼 무안함에 얼굴이 빨개졌다.

처음 서울에 도착한 5월의 어느 날. 작은 캐리어를 하나 끌고 당분간 묵을 곳을 찾아가던 길. 앞에서 내 또래로 보이는 두 사람이 뛰어가며 소리친다. "야아~ 같이 가아~" 기묘한 낯섦이 파고든다. 서울 사람들은 뛰어가면서도 저런 말씨를 쓰는구나. 혼자 타지에 왔다는 사실을 깨닫게 될 때마다 마음 한편이 스산했다. 또래들이 나와 다른 말을 쓰는 세상. 꼬리가 긴 말투를 따라 그들이 자라온 풍경이 산처럼 지나간다. 나만 다른 풍경을 업고 이곳에 막 도착한 사람이란 걸 들킬 것만 같아 자꾸만 옷깃을 고쳐 여민다.

낯선 길목에서 숀 탠의 그림책《도착》의 첫 장을 떠올린다.
이주민, 망명객, 난민의 얼굴로 가득 찬 페이지를. 희망과
두려움이 뒤섞인 채 주인공이 도착한 새로운 세상은
말도 통하지 않고 먹을 수 있는 식재료조차 없는 곳이다.
신비롭고 광활하지만 처음 보는 이질적인 세계. 이주민인
그는 당혹감과 좌절 속에서 매일 괴상한 외계생명체를
마주하는 듯한 경험을 한다. 이 장면들은 장난스럽고도
기괴하게 묘사되며, 그림으로만 가득 찬 페이지들은 넘기는
내내 마음을 요동치게 했다. 과연 이주민들의 기분은 매일
외계생명체를 상대하는 듯한 기분이었으리라. 그렇게
생각했던 내가 어느새 숀 탠의 그림책 첫 장 속 이주민
중 하나로 투입되어 있었다.

족히 스무 번은 넘게 가는 길을 시뮬레이션하고
지도에도 꼼꼼히 표시해두었던 고시원에 도착한다.
주인아주머니에게 한 달치 월세 이십오만 원을 건넨다.
아주머니는 밥을 먹을 수 있는 공간으로 데려가면서
의기양양한 목소리로 김치도 무료로 먹을 수 있다고
말한다. 다른 고시원에 살아본 이후에야 이곳이 얼마나
괜찮은 조건인지 알게 되겠지만 지금은 그저 여기서 어떻게
혼자 밥을 먹나 걱정이 앞선다. 빨래를 어디에 널어야

하는지 확인한 다음, 다른 고시원과는 다르게 옥상에다 베란다도 있어서 운동도 할 수 있고 건강도 챙길 수 있다는 아주머니의 자부심 넘치는 안내 말씀을 숙지하며 현관에서 가장 가까운 내 방으로 들어온다.

앞으로 삼 개월 동안 나를 기를 곳. 창문도 없이 갑갑한 벽에 둘러싸인 공간. 낡은 텔레비전 옆에 몸을 누이면 가득 차는 이 방은 돈 좀 있는 채로 죽으면 가질 수 있을 만한 크기의 관짝 같다. 방 안은 그저 적막이다. 이곳까지 오느라 잔뜩 긴장했던 마음은 단숨에 복잡해진다. 잠깐의 시간 틈새에도 불안이 급격히 차오른다. 마음을 가라앉히러 밖으로 나온다. 그래, 필요한 물품도 사야 하니까. 우선 주변을 조금 둘러보기로 한다.

횡단보도를 건너는데 한 무리의 비둘기도 함께 신호를 기다렸다가 걸어서 길을 건넌다. 서울에서는 새들도 걸어 다닌다 싶다. 스윽 주변을 넓게 둘러보니 머리 위에 높은 도로들이 부드러운 곡선으로 하늘을 휘감고 지난다. 어지럽다는 느낌에 움츠러든다. 부산에서도 고가는 많이 봤지만 거기서도 한 동네, 한 집에서만 이십 년을 자란 촌년의 눈에는 이 모든 게 지나치게 어지러울 수밖에.

생활용품 할인매장을 돌아보며 몇 가지를 담는다.
최저가 바가지, 최저가 샴푸, 초특가 밤만쥬. 밤만쥬는
왜 샀는지 모르겠지만. 어쩐지 열 개들이 천 원밖에 안
하는 밤만쥬는 응당 나 같은 사람이 사야 할 식료품처럼
느껴진다. 한 끼에 하나씩 먹으면 이삼일도 먹겠네, 하는
얄팍한 마음에서.

두 봉지 가득 물품을 사고 나오자 동네가 저녁 불빛으로
가득하다. 어제만 해도 우리나라 지도 꼬리 끝에 있는 작은
방에서 엄마와 언니와 손 잡고 잠들었는데, 오늘의 나는
홀로 너무 먼 땅 위에 서 있다. 먼 우주 어딘가만큼이나
어제와의 간극이 아득하다. 지나는 골목 사이사이에
따스한 불빛이 새어 나오는 레스토랑이 보인다. 유리창
안 사람들은 걱정 하나 없는 말간 얼굴로 웃고 얘기하고
먹는다. 그들의 행동 하나하나가 자연스럽다고 생각한다.
언젠가 나도 이곳에 자연스러운 사람이 될까 생각하며
천천히 고시원을 향해 다시 걷는다. 두렵고 또 두렵지 않은
마음으로.

도착

난 잘 도착했어요 내 걱정은 말아요
햇빛은 눈부시고 곡선이 좀 많네요
길을 몇 번 물었죠 사람들은 친절해요
또래들이 지나는데 나와는 다른 말을 쓰네요

어느 오월의 눈부신 오후에

낯선 도시 길 위에 서 있는 내가 보여요
우주만큼 먼 것 같죠 우리들의 어제가
낯선 도시 길 위에 서 있는 내가 보여요
벌써 이러면 어떡하죠 내일을 견딜 수 없을 텐데

새들도 걸어다녀요 표정도 좀 새침해요
자연스러워 보여요 나만 빼고 그래요

어느 오월의 충혈된 밤 아래

여기저기 걸어봤죠 낡은 가게 미약한 불빛

표정 없이 지나치는 수많은 사람 어지러워

나도 이곳에 자연스럽게 녹으면

맛있는 델 알아둘게요 자주 나를 보러와줘요

언젠간 나도 이곳에 자연스럽게 스미면

멋진 가겔 알아둘게요 자주 나를 보러와줘요

오늘은 피곤해서 이만

프롬 작사·작곡, 정규앨범 1집

《Arrival》(2013) 수록. KOMCA 승인필.

불꽃이 번지는   속도

버스 안에서 한강 불꽃축제를 마주친 적이 있다. 데뷔
전 아르바이트를 가던 길이었다. 축제의 여파로 지독하게
막히는 버스 안에서 늦을 것 같다는 문자를 썼다 지웠다
하며 발을 동동 굴렸다. 펑펑 불꽃이 터질 때마다 내
마음은 파삭파삭 타들어갔다. 노점에서 어묵이나 하나 사
먹고 뜨끈하게 배를 두드리며 출근할 심산이었는데…….
모처럼 여유 있게 나온다고 부랴부랴 준비한 나의 노고가
예상치 못한 변수로 물거품이 되자 온갖 비애가 몰려왔다.
고심 끝에 겨우 문자를 보내고 곧 매니저에게서 알겠다는
답변을 받았다.

마음의 짐을 조금 덜자 그제야 육교, 갓길, 가드레일 할 것

없이 끝없이 도열해 있는 사람들의 들뜬 뒷모습이 눈에 들어왔다. 그 위로 유유히 떠오르고 터지는 샹들리에 같은 불꽃들. 비록 교통 체증의 피해자일지라도 갑작스레 마주친 불꽃축제에 누가 설레지 않을 수 있을까. 그러고 보니 지금 나는 고생도 없이 거저로 불꽃놀이를 관람하는 이 체증의 수혜자 아닌가. 우연히 불꽃을 만난 럭키 걸임을 인지한 순간 마음이 환해졌다. 완전히 파노라마 시야로 불꽃 앞에 정차했을 때는 늦을까 봐 다급했던 마음이 기사 아저씨가 속도를 낼까 봐 다급해지는 쪽으로 급선회했다. 아저씨 우리 어차피 다 늦었는데 시원하게 한번 보고 가시죠! 외치고 싶을 정도로. 이 풍경을 눈앞에 두고 있자니 알바를 하러 가야 한다는 서글픔과 불꽃 같은 환희가 뒤죽박죽이 되었다.

불꽃놀이 관람이 가능한 레스토랑 자리를 선점해 파티를 하는 사람들, 친구들과 일찌감치 강변에 자리를 깔고 축제를 즐기는 사람들. 그들이 오늘 찍는 기념사진의 배경에 내가 탄 버스가 나올지도 모르겠다. 아무도 찍힌지 모를, 저 멀리 고가도로를 지나는 개미만 한 버스. 그 안에는 내가 앉아 있다. 개미만 한 버스에 개미 내장보다 작은 버스 승객 이유진씨. 이 순간에 나도 황금빛

불꽃을 잔상까지 당당히 보고 있었다는 걸 누가 좀
알아줬으면······.

멈춰 선 버스에서 차창 밖을 바라본다. 먼 우주에서 울리는
듯한 축포 소리와 함께 사람들의 시선이 일제히 불꽃을
따라 움직인다. 밤하늘이 불꽃들로 은하수가 되는 순간,
그 소란 사이로 정적을 본다. 세상의 속도보다 더 많은
프레임으로 그려 재생시킨 화면처럼, 불꽃은 현실보다
0.1 프레임 느린 호흡으로 흩어진다. 불꽃에는 어딘가
꿈같은 데가 있다는 걸 그때 알게 됐다. 불꽃이 터질
때마다 세상과 약간 어긋나 있던 미묘한 틈 안에 무수히
많은 내가 존재했다 사라지는 것처럼 기묘하고도 외로운
기분이 몰려온다.

버스는 그 광경을 서서히 지난다. 속도를 내기 시작하자
사람들의 실루엣이 불꽃 아래로 길게 이어진 리본처럼
흔들린다. 나는 유리창에 머리를 기댄 채, 그 풍경이
납작해질 때까지 바라보았다. 어디론가 옮겨져야 했던
사람들과 함께. 불꽃을 그곳에 두고서. 버스에서 내려
다음에 타야 할 셔틀버스를 향해 마구 달리면서도 불꽃의,
어떤 찰나의 적막을 생각했다.

시간이 지나 첫 앨범 준비에 한창이던 때, 친구 태에게서 뜬금없이 그림을 선물 받았다. 조그만 캔버스를 가득 채운 분홍빛 불꽃 그림이었다. 알고 보니 태가 지인 중 점을 보듯 그림을 그리는 작가에게 부탁한 것이라 했다. 내 삶과 음악 사이의 줄타기를 애틋하게 바라보던 그가 특별히 전해준 선물이었다. 함께 온 편지에는 차분한 글씨체로 이런 내용이 쓰여 있었다.

> 유진씨를 생각하니 불꽃놀이가 떠올랐어요. 한여름 밤, 온 하늘을 뒤덮는 화려한 빛깔의 불꽃들. 어디에 서 있든 모두가 볼 수 있는 그런 불꽃이요. 때로 깜깜한 밤을 걷는 기분이라 해도 결코 우울해하거나 슬퍼하지 마시길요. 불꽃놀이는 어둠이 완전히 내려앉아야 비로소 시작될 테니. 불꽃놀이의 하이라이트는 마지막 불꽃이잖아요. 가장 오래 기다려야 만날 수 있는 피날레 불꽃. 유진씨가 바로 그 마지막 불꽃이라는 생각이 들었습니다.

이상하게도 나는 편지 안에서 그날의 불꽃놀이를 떠올렸다. 순간 조그맣고 딱딱하게 말려 있던 마음 하나가 슬그머니 유황에 머리를 그었다. 그 마음은 순식간에 수만 갈래의 금빛 가지로 뻗어나가며, 뜨겁고 커다란 원이 되었다. 그건 아마도 스스로 불꽃이 된 듯한 기분과 감각일 터. 그때 나에게 이 메시지는 오래전 길을 잃은 자가 올려다본 밤하늘의 북극성이었고, 망망대해에서 나를 구하는 하나의 조명탄이었다. 그렇게 간절한 빛으로 떠올라 몸속에서 뜨겁게 번졌다. 오래 기다려왔던 허락이자 너무도 믿고 싶은 이야기였기에. 그래서 이 글은 내 가사가 되라고, 몇 번이고 뜨겁게 읽으며 되새겼다. 단 한 번이라도 불꽃을 온전한 환희로 바라보고 싶던 나를 불꽃이라 일러준 이 메시지를. 너를 내 입으로 씹고 굴려서 영원히 노래로 부르리라, 하는 마음이었다.

> 반짝반짝 빛나게 될 거야
> 그대가 어디 있든
> 아슬아슬 지쳐 보이지만
> 그대는 불꽃이니까

그로부터 십여 년이 흐른 지금, 나에게 누군가 불꽃처럼 살고 싶냐고 물으면 뭐라고 대답해야 할까. 이제는 불꽃을 떠올리면 불꽃놀이의 화려한 환희보다 축제가 끝난 뒤의 적막한 빈 하늘, 떠나는 사람들의 뒷모습을 먼저 떠올리게 된다. 그래서 선뜻 화려한 불꽃이 되고 싶다는 말은 하지 못하겠다. 다만 오래전 그 메시지가 나를 지금껏 일으켜준 덕분에 분명 조금은 불꽃 같은 순간들도 있었고, 여전히 작은 스파클라쯤은 늘 가까이 켜고 살 수 있는 것 아닌지.

얼마 전 음악 하는 친구 진희와 쎄비 오빠네 집으로 초대를 받았다. 세탁실에서 불꽃이 잘 보인다며 불꽃축제 날 함께 보자고 연락을 준 것이다. 우리는 식탁을 창가로 옮기고 과자와 휘낭시에를 펼쳐두고는 하이볼과 맥주 캔도 깠다. 아, 오늘은 거나하게 취해보자며 목소리를 높인다. 요란한 허세와 달리 찔끔찔끔 한 모금씩 마신다. 불꽃이 떠오르자 명당이라며 나를 세탁실에 밀어 넣는다. 까치발을 든 채 창밖에 머리를 내밀고 떠오르는 불꽃을 본다. 비록 건물에 가려 완전하게 보이진 않지만 과연 명당이다! 뒤를 돌아보자 창문마다 오종종히 머리를 내민 진희와 쎄비 오빠도 눈이 마주친다. 그 광경에 서로 웃음이 터진다. 우리는 돌아가며 명당에 입성하고, 까치발을 딛고는 세탁실 밖으로 머리를 내민다.

멀리 고가도로를 지나며 속도를 줄이는 자동차와 버스들을 한참 바라보다가 그 위 떠오르는 불꽃으로 이내 시선을 옮긴다. 비좁고 어두운 공간에 선 채로 문득 스치는 생각 하나를 붙잡는다. 언제 떠오를지 모를 세탁실의 불꽃을 기다리는 마음으로 살고 싶다고. 불꽃은 터지는 그 순간에만 존재하는 게 아니니까.

그날 버스 안에서 본 풍경 속 사람들, 오랜 기다림 동안 그들이 내내 안고 있었을 불꽃을 떠올린다. 나도 그렇게 살고 싶다. 수많은 인파와 교통 체증을 견디며 먼지 나는 길을 한참 걸으면서도, 번거로운 낭만 속에서 우스갯소리를 던지는 사람으로. 거기에 더 많은 열심이 필요하고 그 안에 불꽃이 피어나는 더 많은 순간이 있음을 알기에. 그런 순간이 모여 생의 피날레가 되는 것을 알기에.

불꽃놀이

반짝반짝 빛나게 될 거야
그대가 어디 있든
아슬아슬 지쳐 보이지만
그대는 불꽃이니까
발걸음에 밴 그 향기를
감출 수 없으니
괜히 슬프거나 그러지마
그대는 하이라이트니
온 하늘을 덮는 불꽃 그대
모두가 그대를 보네
어디서든 그대를 보네
마지막 불꽃 그대라네

모두가 기다려왔던 피날레 그대란 불꽃

|

프롬 작사 · 작곡, 정규앨범 1집 《Arrival》(2013) 수록.
KOMCA 승인필.

더 많은 노래가   남아 있어요

나의 후들후들한 정신력으로는 무대 위에서 경쟁하고
자웅을 겨뤄 승자와 패자를 가르는 오디션 방식은 도무지
버틸 수가 없다. 그런 내게도 데뷔 전 거의 유일하게
참여한 경연이 있었으니, EBS에서 주관하는 〈헬로루키〉다.
이름만 들으면 알 만한 걸출한 선배들이 많이 거쳐 갔기에
업계에서는 신인 등용문으로 정평이 난 프로그램이다.
그해 주목할 만한 신인을 발굴하는 것이 취지였고, 입상만
하면 〈EBS 스페이스 공감〉 방송 출연권이 주어지기에 당시
수면 위로 조금씩 이름을 알리던 신인 뮤지션들이 매달
대거 출전하고 있었다.

경연 당일, 오래전이지만 몇몇 기억만은 선명하다.

내 순서가 거의 마지막이었던 것과 연신 마른침을 삼키며
오랜 대기 시간으로 지치고 긴장된 마음을 버텼던 것, 평소
좋아하던 동료들이 무대 위에서 노래를 부르는 걸 보다가
대기실로 들어갔던 것. 그리고 뒤편에서 울리는 물먹은 듯
먹먹한 음악 소리와 심사위원이 결과를 발표할 때 들었던
심사평의 한 문장이다.

거의 마지막 순서로 내가 무대에 올랐을 때 관객들은
이미 지쳐 있었다. 열 팀 정도가 무대에 설 때마다 세팅을
새로 하고 무대가 바뀌는데, 매번 그렇게 기다려가며
공연을 보는 건 쉽지 않은 일이었으리라. 오랜 기다림
끝에 오른 무대에서 나는 〈좋아해〉라는 곡을 불렀다. 이
곡은 '땁땁디디'라는 반복 구절을 관객과 함께 부를 수
있는 구성이라 평소 클럽 공연 때처럼 관객들에게 함께
하자고 분위기를 돋우었는데, 그게 화근이었다. 관객들은
멋모르는 신인 가수의 요청에 열심히 박수를 치며
따라 불러주었고 화기애애한 떼창과 함께 나는 무대를
마쳤는데…….

모든 무대가 끝나고 심사위원 대표가 나와서
심사평을 시작하자 난 혼자 땅바닥에 붙어버린 껌처럼

쪼그라들었다. 심사위원이 나를 지목한 건 아니지만, 심사평에는 이 무대가 오디션이며 철저히 객관적으로 점수를 매겨야 할 무대인데 관객들의 호응을 유도하고 개인 공연처럼 풀어가는 것은 문제라는 식의 이야기가 들어 있었다. 내게는 호통에 가까운 어조로 느껴졌고, 관객이 있는 오디션이면 그것도 일종의 공연 아닌가 싶은 생각에 발끈하는 마음도 들었지만, 공개 저격을 당하니 부끄럽고 무안한 감정이 더 컸다. 머리를 푹 숙인 채 창피해하고 있는 사이…… 그가 이어서 말했다.

"그럼에도 불구하고 이번 헬로루키는 프롬입니다."

그럼에도 불구하고. 비록 사실은 그러하지만 그것과는 상관없이. 이 짧은 말은 마법과도 같다. 어떤 부정적인 이야기라도 반전시킬 힘을 지닌 막강한 관용구. 깊은 바닥으로 가라앉은 순간에도 나를 단번에 뭍으로 건져 올려준 말. 입상했다는 사실보다 '그럼에도 불구하고'가 더 강렬하게 기억되는 이유는, 이 말이 지닌 힘이 발휘될 수 있는 삶을 살아가고 싶기 때문은 아닐까.
음악을 만들며 살다 보면 끝없이 고독한 마음이 되기도 한다. 운이 좋으면 많은 이들이 들어주기도 하지만 시간이 갈수록 그럴 확률은 점점 줄어든다. 수많은 플레이리스트 속에 잠시 존재하다 잊힐 확률이 훨씬 높겠지. 그걸 알고도 매번 새로운 곡을 작업하는 일이 요즘은 종종 외롭게 느껴진다. 방 안에서 혼자 소리 하나에 집착하며 하루 종일 작업하다가 까무룩 저문 해를 바라볼 때, 열심히 쌓아가던 스케치에 갑자기 정이 떨어져 삭제 버튼을 누를 때, 그런 날 나는 아무런 결과물이 없는 사람, 아무것도 하지 않은 사람, 조용히 침몰 중인 사람처럼 느껴진다.

활동을 꽤 길게 이어온, 이제는 중견 뮤지션이 된 나를 돌아본다. 모든 게 처음 겪어보는 하루들이다. 매일같이 스케줄이 꽉 차 있지는 않지만 여전히 불러주는 곳이 있는, 아주 큰 극장은 아니지만 여전히 공연을 보러 와주는 이들이 있는 그런 상태. 그렇게 잔잔한 호수를 헤엄치고 있다 보면 그런 생각이 든다. 이제 내가 수영을 멈춘다면 난 호수 바닥으로 가라앉을까? 나를 육지까지 밀어줄 파도도, 나를 태워줄 배도 없이 오로지 내가 스스로 숨을 쉬고 체력을 안배해가며 조금씩 헤엄을 치고 있는 기분. 헤엄은 치지만 앞으로 나아가는 건지, 같은 자리에 떠 있는 건지조차 알 수 없는 나날이다.

'그럼에도 불구하고'는 이런 내 일상의 부표 같은 말이다. 여전히 나는 그 말을 붙잡고 호수 위에 떠 있다. 지금 스트리밍 시장이 어떤지, 음악을 듣는 방식이 어떤지 나는 잘 모른다. 사실 너무 많은 것을 알고 싶지 않다는 마음에 가깝다. 그저 이대로 살아가고 싶다고 생각한다. 시장성을 생각하다 내가 할 수 없는 것들에 미리 지쳐버리면 노래에 대한 열정이 어디론가 도망쳐버릴지도 모르니까. 그것이 가장 두려운 일이라서 어리석다 할 정도로 다른 생각을 하지 않는다. 그저 여전히 새로운 뭔가를 만들어내고 싶다는 욕망에 시달리는 순간이 행복하다. 자꾸 도망치고 싶어지는 순간에는 좀 염치없지만 타인의 고충을 디딤돌 삼아 마음을 다지기도 한다. 둘러보면 공연을 열지 못하는 수많은 뮤지션들이 있는데, 또 세상에 공개되지 않은 작품이나 작업물도 얼마나 많을까, 하면서.

실제로 듣는 이들이 거의 없는 음악을, 주목받지 못해도 아주 오랫동안 자신만의 작업을 이어 가는 사람들이 있다. 당장은 들어줄 이 없는 음악을 만든다는 것이 고독하고 쓸쓸해 보이지만 많은 음악가, 더 넓은 의미의 예술인들이 그러한 상태를 감당하며 살아간다. 나는 그 지점이 늘 흥미롭고 경이로웠다. 나 역시 혼자 방에서 곡들을 차곡차곡 모아올 때 느꼈지만 아주 사적인 고찰로 쌓아 올린 것들 속에서 빛이 새어 나오기 시작할 때의 환희, 그것들이 무심결에 출렁일 때 오는 반짝임이 있다. 그로부터 오는 감동은, 그것들이 알게 모르게 세상 어딘가에 스며들어 작은 파동을 일으키고, 결국 보이지 않는 방식으로 세상을 바꾼다는 것을 믿게 한다. 언젠가 어떤 식으로든 누군가에게 가닿는다. 물론 닿지 않아도 의미가 사라지는 것은 아니라고, 예술이란 그런 것이라고 믿는다.

이미 세상에는 수없이 많은 노래가 존재하고, 새로운 노래가 왜 나와야 하는지를 생각하면 뚜렷한 이유가 떠오르지 않는다. 그럼에도 불구하고 나는 내 안에 더 많은 노래가 남아 있기를 바란다. '굳이'보다는 '그래도'를 더 자주 입에 올리며 살고 싶은 마음. 아직 나오지 않은 작업물을 품고 있는 모두가 그러하듯이. '그럼에도 불구하고'의 다음 이야기를 써나가고 싶은 마음으로.

나의   이름은

마을버스에서 내리기 직전, 하차 문 앞에 나란히
서 있던 남자가 어쩐지 쭈뼛대더니 갑작스레 말했다.

"가수시죠?"

지금 같으면 슬쩍 고개를 끄덕이며 "아, 예~" 하고
지났을 텐데 당시엔 "팬입니다"도 "프롬씨죠?"도 아닌
"가수시죠?"라는 질문에 무척 당황하고 말았다. 당시 막
뮤지션으로 활동을 시작한 나로서는 정체를 숨기겠다는
의식조차 없었지만, 생짜 신인인 나를 알아봤다는 것과
하필 그게 버스 안에서 나란히 선 채였다는 것, 그 질문이
"가수시죠?"라는 것 모두 머릿속을 하얗게 만들었다.

뭐라고 대답을 해야 하나.

네. 가슴니다.
그렇습니다. 저는 프롬. 알아보셨군요.
네. 얼마 전에 데뷔했으니까 가수긴 가수죠.(쿨한 미소)

짧은 순간 너무 많은 답안들이 머릿속을 스치고 지나갔으나, 나를 스스로 설명해야 하는 민망스러운 상황에 놓일 것이란 두려움이 본능적으로 밀려왔다. 나는 나도 모르게 "아…… 아이고 아닌데요"라는 수상쩍은 대답을 내놓고 말았다. 그쯤에서 그분도 물러서주면 좋았으련만 "에이, 가수 맞으신데?" 하고는 황급히 이어폰을 꺼버리는 게 아닌가. 나는 더 이상 가수가 아니라고도 못 하고 맞다고도 못 하고 눈만 끔뻑거리며 하차 문이 열리기만을 기다렸다. 하지만 우리는 함께 사이좋게 버스에서 내렸고 걷는 방향마저 같아 한참은 서로를 매우 의식하며 걸어야 했다. 하늘이시여! 그냥 가수라고 말할걸!

언젠가 매니저 없이 팬의 결혼식에 가서 축가를 부른 적이 있다. 친분이 있으면 축가는 그다지 어려운 미션이 아니지만, 친분이 없으면, 특히 팬의 요청인 경우는 상황이 조금 다르다. 매니저 없이 현장에 간다는 것은 직접 축가를 받을 당사자와 당일까지 계속 연락을 주고받고, 미리 반주 파일을 보내주고, 리허설 시간을 조율하고, 주차 정보를 묻고, 현장에서도 모르는 사람들 사이에 자리 잡고 앉아서 묵묵히 내 순서를 기다리는 일까지 전부 해내야 한다는 뜻이다. 대부분 결혼식장에서 당사자들은 일생일대의 큰 행사를 치르느라 정신이 없고 당연히 현장에서 공연자를 어떻게 챙겨야 할지도 잘 모른다. 난감한 상황을 만나지 않으려면 그 상황을 피하는 게 나로선 속 편한 일이다. 그렇지만 또 세상일이 늘 맘먹은 대로만 되는가. 나는 늘 결정적일 때 단호하지 못한 사람인 것을.

마침 한 팬의 간절한 메시지를 받고 어떻게 고사해야 하나 심란했던 찰나, 일정상 타이밍도 맞겠다, 그래 혼자 한번 가보자, 진심으로 축하 노래를 불러주고 싶다는 생각에 호기롭게 팬의 결혼 축가를 수락했다. 그리고 그날, 사회자가 나를 소개했다. "가수 프롬씨가 축가를 해주시겠습니다." 일제히 나를 돌아보는 사람들의 의문 섞인 눈초리에 갑자기 가장 먼 타인들 앞에 섰다는 실감이 났다. 앞뒤 설명 없이 '가수 프롬'이라 소개받는 순간

섭섭해지고 자신감이 사라졌다. 아주 많은 수는 아니지만 늘 나를 사랑하는 팬들로 채워진 온실 속에서 슈퍼스타가 된 기분으로 노래를 부르다가 갑자기 펼쳐진 정글에 작대기 하나 들고 나동그라진 기분이랄까.

'프롬이 누구야?' 하고 사람들의 얼굴에 커다란 물음표가 뜨는 게 보이자 가수 프롬의 이름은 어쩐지 위태로워졌다. 프롬을 모르는 사람에게 가수 프롬은 어디서도 본 적 없는 무명 가수이거나, 아직 제 몫을 제대로 해내지 못한 안타까운 예술가이거나, 어쩐지 조금 우스운 사람으로 보일지도 모른다는 생각에 위축됐다. 나를 섭외할 때 썼던 편지 속 절절한 내용의 일부라도 소개 멘트로 한 줄 써주지, 하는 징징대는 마음으로 가수 프롬은 무대에 올라 노래를 불렀다.

축가와 축하의 메시지까지 무사히 전하고 나자 사람들은 박수와 한결 부드러워진 눈빛을 보냈다. 안도감이 밀려왔다. 이제 할 일을 끝마쳤으니 남은 어색한 상황을 피하려면 얼른 밖으로 나가야 했다. 하지만 나갈 길을 모색해보니 하객들이 나가는 길목까지 꽉 들어차 있었다. 잠시 머뭇대다 친지들 사이 하나 남은 빈 좌석에 조심스레 끼어 앉았다. 내 주변에 앉은, 한복을 곱게 차려입은 친척들과 그 자녀들로 보이는 학생들이 갑자기 내 이름을 검색하기 시작했다. 누구나 자기 얘기는 예민하게 귀에 걸리는 법. 그들이 내 이름을 정확히 몰라 수군대는 소리가 들려오자 진땀이 났다. 피읖과 리을이 들어간 이름들이 수차례 오갔으나 안타깝게도 그중에 한 번도 내 이름은 정확히 나오지 않았다.

애써 모르는 척 조용히 앞만 바라보고 있는데 한 학생이 열심히 검색한 끝에 내게 스마트폰 화면을 보여주며 "이분이세요?" 하고 물었다. 거기에는 푸름이라는 사람의 인물검색 화면이 떠 있었다. "아, 아니에요." 내가 대답했다. 순간 얼굴이 붉어진 학생이 엄마를 무섭게 째려보았다. "봐봐, 이 사람 아니잖아!" 학생은 엄마에게 무안함을 전가하고 온몸으로 부끄러워했다. 하지만 그들보다 내가 조금 더 부끄러웠을 것이다. 그 이후로도 몇 번의 시도 끝에 검색창은 김푸른씨까지 도달했으나, 결코 내게 다시 이름을 묻지 못하는 분들을 더는 모른 척할 수 없어 직접 나섰다.

"저는 프롬이에요."

"크롬이요?"
"아니, 그 편지 쓸 때 마지막에 쓰는 프롬이요."
"아 프롬!"
"네! 네!"

'네'는 한 번만 할 걸 그랬다. 스스로를 먹살 잡고 설명하는 동안 어쩐지 천천히 내상을 입은 것만 같은 기분이 들었다. 부끄러움의 바다 한가운데에 서 있는 동안 결혼식은 아름답게 행진까지 마무리됐고, 나는 식이 끝남과 동시에 인파에 휩쓸려 정신없이 빠져나왔다.

진이 다 빠진 기분으로 침대에 누워 이름을 널리 알리는 일에 대해 곰곰이 생각해보았다. 모두가 아는 히트곡이 있는 사람, 티브이에서 방송 활동을 활발히 하는 사람, 자신을 설명하지 않아도 되는 그런 사람이라면 팬의 식장에 들어설 때 좀 더 의연할 수 있을까. 유명과 무명. 가끔은 잔인하게도 이름이 있는 자와 없는 자로만 세상이 나뉘는 것 같다. 하지만 실상은 '있음'과 '없음' 그 사이에 수많은 이름이 존재한다는 걸 인디뮤지션으로 활동하며 오랫동안 보아왔다. '그 사이'에 존재하는 광활한 우주 속에서 수많은 이들이 분주히 공연을 펼치고,

쉼 없이 음악을 창조하며, 의미 있는 기획을 구상하고 행동으로 옮긴다. 그들의 바쁜 움직임이 늘 새로운 파동을 만들어내고 나는 그 파동 안에서 함께 움직이고 있다는 사실이 행복한 사람인걸. 불현듯 나의 세계 밖 더 넓은 세계를 마주할 때 내가 살고 있는 곳은 어쩐지 애니메이션 〈마루 밑 아리에티〉의 마루 안 세상 같다고 느낀다. 그만큼 나의 활동 반경이 아늑하고 안전하다는 느낌도 받는다. 이 안전함을 나는 벗어나고 싶지 않다는 생각도.

늘 나에게 응원과 환호를 아끼지 않는 사랑스러운 팬들이 보고 싶은 밤이다. 때론 적당한 사람으로 사는 일도 쉽지만은 않다고, 이 마루 밑 아리에티의 세상이 얼마나 특별한지 아무도 모를 거라고 생각하며.

이름을   불러줘

누구든 "유진아" 하고 다정히 불러주는 순간이 참 좋다.
그 기회가 부여되지 않는 동생들에게는 미안하게
생각한다. 부산에서는 성을 떼고 이름만 부르는 걸
간지럽게 느끼는 탓에 그렇게 불릴 일이 좀처럼 없었다.
보통 이름을 부를 때는 항상 성과 함께 느낌표가 붙는다.
"이유진!"

어쩌다 성을 떼고 불러도 손윗사람이 아랫사람을 부르는
듯한 어감으로 느껴질 때가 대부분이다. 그러니 평생
부드럽게 이름만 불리는 일이 손에 꼽을 정도다. 익숙하지
않은 다정함이라서일까.

서울에서 만난 이들은 여자애도 남자애도 선생님도 오빠도 나를 "유진아~"라고 불렀고, 그런 부드러운 목소리로 내 이름이 불리면 나도 모르게 심장이 두근거리고 사랑에 빠지듯 설렜다. 그들이 부르는 유진이는 실제 나 자신보다 좀 더 사랑스럽고 소중한 사람처럼 느껴졌다. 그 기분에 취해 나는 그들이 눈치채지 못하는 사이 몇 번이나 사랑에 빠지는 것이다(물론 느끼하게 부르면 역효과다).

유진이라는 이름은 흔하다. 세월이 흘러 지금 세대에서도 비교적 흔한 걸 보면 스테디셀러 이름인 것만은 분명하다. 학창 시절에는 한 반에 두 명 이상은 꼭 유진이가 있었다. 예쁜 이름이라고는 생각하지만 평범한 이름이어서 나의 삶이 비교적 시시하게 흐르는 데 이름도 한몫하지 않았나 싶다. 자음 하나 차이지만 언니 이름은 유민이다. 유진은 흔했지만 의외로 유민은 당시 아이돌그룹 NRG의 노유민밖에는 겹치는 사람이 없었다. 지금 생각해도 쉬우면서 흔하지 않고 예쁘기까지 한 좋은 이름 같다.

엄마의 이름은 허봉년이다. '넌'만 '연'으로 바뀌었어도 좋았을 것을…… 하고 모두가 안타까워하던 이름. 학교에서 부모님 이름을 적어낼 때면 늘 웃음이 터지는 이름으로

1, 2위를 다퉜다. 당시 함께 1위를 다퉜던 친구 엄마의 이름은 '김점자녀'씨로 김점자에서 멈추기만 해도 됐을 것을…… 하며 또다시 모두의 탄식을 자아냈다. 최근 우리 엄마 이름을 듣고 웃음을 터트리던 진희가 잊을 수 없는 이름으로 '고추자'씨를 꼽았다. 병원에서 간호사가 고추자씨의 이름을 호명했을 때 대기석에서 앉아 있던 사람들이 키득거리며 웃음을 참았다는 이야기를 들으며 나도 눈물을 흘렸다.

엄마는 때론 욕처럼 들리는 그 이름이 단 한 번도 부끄럽지 않았다고 했다. 오래전 엄마가 전화를 붙들고 본인 인증을 할 때면, "허봉년이요. 아니요. 해 '년' 할 때 '년'이요. 이년 저년 할 때 년." 자신의 이름을 '이년 저년'으로 설명해야 하는 난감함마저 엄마는 개의치 않아 했다. 어릴 때 이름이 허정희였던 엄마는 한 반에 정희가 셋이나 있어 매번 큰정희, 작은정희, 중간정희로 불리던 것이 더 싫었고, 개명 후 단 한 명의 봉년이로 사는 게 오히려 좋았다고 했다. 그것은 왠지 정희일 때는 가질 수 없었던 기백처럼 느껴졌는데 봉년이라는 이름과 함께 얻게 된 에너지가 아닐까 생각했다. 봉년이란 사람이라면 어쩐지 그 정도 전투력은 있어야 할 것 같지 않은가. 내 이름도 좀 더 강력했다면 내 삶의 에피소드도 좀 더 비범했을까.

어릴 때 처음 한글을 배우고 이름 쓰기를 연습했던 날이 기억난다. '이유진'을 써야 하는데 이상하게 획을 하나 추가해서 '이유잔'으로 쓰게 되는 것이다. 자연스럽게 계속 획이 하나 더 써지는 탓에 연습장에 죄다 이유잔으로 써놓고 튀어나온 획을 하나하나 지웠던 흔적이 남았다.

그렇게 열심히 연습했던 이름을 애지중지하던 자물쇠 다이어리에 쓰던 날. 절대 이유잔으로 안 써야지 마음먹었는데도 마법처럼 저절로 작대기 하나가 스르륵 더 그어지던 그날, 어이없어 하며 내려다본 내 작은 손이 떠오른다. 다이어리에 쓴 이름도 결국 이유잔이 되어버렸고 획을 지우느라 이리저리 애썼지만 좀 더 두꺼운 이유잔이 되었을 뿐이었다. 그 다이어리를 초등학생 때도 계속 쓰는 바람에 꽤 오랫동안 다이어리의 주인은 이유잔이었다. 커서는 그 서사가 오히려 마음에 들어 별명으로 사용했고 오랜 내 친구들은 아직도 가끔 나를 유잔이라고 부른다.

누군가를 부르는 이름은 계속된 변형을 거쳐 여러 형태가 된다. 유진에서 파생된 유잔, 찐, 찌니, 찐찐이 있고,

'프롬'으로 활동하기 시작하면서는 프로미, 로미, 롬으로도 불린다. 내 반려견 프림이를 부를 때도 입에서 나오는 대로 애칭이 변형되는데 프림이, 쁨, 쁨쁨, 쁨구, 쁨식이, 뿌잉이, 아구 같이 어떤 규칙도 없이 그저 귀여움을 참지 못해 내뱉는 순간 제멋대로 만들어지는 이름도 있다. 신기한 건 당사자는 그게 자신을 부르는 말인 줄 안다는 것이다. 어떤 형태로 불러도 결국 그를 향해 발화된 소리는 자신의 것임을 알게 되는 기능이 있는 것만 같다. 아기 고양이로 우리 집에 온 설탕이도 어느새 자신의 이름을 인식하고 땅땅이, 탕이라고만 말해도 무릎으로 사뿐 올라오는 것이 신기할 따름이다.

아는 사람이 아무도 없던 서울에서 조금씩 관계가 생겨나고, 그들이 나를 부르는 행위 자체에 어쩐지 안도하고 감사했던 날들. 서로의 이름을 부르는 순간이 차곡차곡 쌓여 그와 나 사이에 가느다란 실이 생겨나고 비로소 내 존재가 새로운 세계로 연결되는 것만 같았다. 길에서 퍽치기라도 당하면 내 이름을 대며 신고해줄 사람이 생긴다는 의미다.

수많은 친근한 별명들을 뒤로하고 "유진아" 하고 이름을 불렸을 때 특히 더 아득한 감정이 드는 이유는 아직 잘 모르겠다. 자주 불리지 않으니 낯설어진 나의 실존을 마주하는 기분이어서일까. 내 이름 위에 쌓인 겹겹의 캐릭터를 들어내고 순수한 나의 본체를 두드리는 것 같아서일까. 흔하디흔한 이름이지만 나를 바라보는 눈빛과 목소리로 나를 고유하게 만들어주는 순간일 테지. 아마도 그래서 나는 그 순간을 두고두고 좋아하나 보다.

 +

 활동명을 정할 때는 중복된 의미를 가진 단어는 피하라. 검색어의 세계에서 '프롬'은 개 사료와 졸업파티와 영화 제목에 밀린 지 오래니까.

여름을 사랑한   첫날

햇살이 좋은 날이면 내 모든 감각이 가만히 햇살을 따라
일렁인다. 그런 날은 놓치지 않고 멀리까지 산책을 나간다.
천천히 걸으며 익숙한 장소들, 그 각각의 배경 안에서
햇살이 조용히 고이고 흐르는 장면을 지켜본다. 익숙해도
매번 다른 광경이다. 일상을 보내는 사람들의 모습과
그 순간에 레이어되는 풍경의 소리에 귀를 기울인다.
이상하게도 그 순간들은 나를 찡, 하고 어딘가 뻐근하게
한다. 알 수 없는 무언가를 그리워하게 하고 살아 있다는
감각에 감격하게 한다. 그런 장면들을 내가 오래도록
기억한다는 걸 스스로 알고 있기 때문일까.

영화 〈에프터 양〉에서 사이보그인 '양'이 작동을 중지한

뒤 가족들은 '양'의 메모리 속 장면을 보게 된다. 양의 눈으로 기록된 것들은 이런 것들이다. 벽에 고이는 햇살, 유리창 너머로 지켜본 그들의 모습, 사진을 함께 찍자고 말하던 가족들의 표정. 마주 보는 눈빛, 목소리, 바람 소리 같은 것들. 그 기억들 속에는 그윽하게 빛이 배어 있다. 빛이 만들어내는 명암은 기억의 일부를 흐릿하게, 일부는 더 선명하게 번지도록 만든다. 내 오랜 기억도 양의 메모리 속 장면 같은 질감으로 보관되어 있다. 빛이 스민 장면의 파편, 기억의 조각들이다. 언제부턴가 자연스럽게 여름이 좋아졌던 것은 그 이유일 것이다. 빛이 가장 강렬한 계절. 많은 조각들이 기억회로에 포개지는 계절. 여름을 사랑하게 된 첫날은 우습게도 더위에 질식할 뻔했던 날로부터 시작됐지만.

나의 첫 서울 집, 마포의 한 주택 2층에 세 들어 살던 시절의 여름 이야기다. 본격 여름이 다가오던 즈음, 1층에 살던 주인집 할아버지가 멋쩍은 얼굴로 거실에 두라며 공장에서 쓸 법한 대형 선풍기 하나를 올려다주셨다. 선풍기의 크기가 무엇을 의미하는지 눈치채지 못한 채 할아버지의 친절에 감동했던 날. 그날로부터 얼마 지나지 않아 그 의미를 알게 됐다.

그 집은 딱히 지붕이랄 게 없어서 얇은 천장 외벽으로
내리쬐는 뙤약볕이 곧장 집 안에 열기로 흡수되는
구조였다. 그뿐 아니라 미닫이문이 집을 둘러싸고 있어서
뜨거운 햇빛이 수시로 범람해 들어왔다. 유리문과 내부로
들어가는 문 사이에는 딱 한 걸음만큼의 공간이 있었는데
그곳에 쌓인 열기는 집을 거대한 찜통으로 만들었다.
그 공간과 맞닿아 있는 안방은 특히 더웠다. 여름 태양이
위협적으로 작렬하는 시간에 안방에 있으면 정신이
아득해지며 나의 신체가 표피부터 서서히 물러지는
기분을 실시간으로 체감했다. 주인집 할아버지는 오며
가며 마주칠 때마다 집이 너무 더울 때는 은행에라도 가
있으라며 걱정해주셨고 심상치 않다고 느꼈던 우리 가족도
에어컨을 급하게 알아보았으나 폭염 예보에 대부분 삼 주
이상을 기다려야 한다고 했다.

찜질방 같은 안방에서 버티기 위한 궁여지책으로
물뿌리개를 무기처럼 들었다. 오래된 선풍기가 회전하다
나를 향할 때 물뿌리개를 촤, 하고 뿌리면 물 입자들이
시원한 기운과 함께 내 허벅지에 잠시 머물다 사라졌다.
물뿌리개 속에 레몬을 잘게 썰어 몇 조각 넣어두기도
했다. 시트러스 향이 시원한 바람에 실려 방 안을 채우면

찝찝함도 사라져 잠깐이나마 근사한 여름이 완성됐다.
그래도 견딜 수 없어지면 얼른 베란다로 피신해야 했다.
숨을 쉬기 위해서.

낮 기온이 최고치까지 올랐던 늦은 오후였다. 주성치 영화
몰아보기에 빠져 〈식신〉이나 〈희극지왕〉〈서유기〉 같은
영화들을 안방 컴퓨터에서 연이어 틀어두고 방바닥에
누웠다. 뜨거운 햇살이 방 안을 데우기 시작하자 컴퓨터
화면도 뿌옇게 떴다. 어느 순간부터는 레몬수를 넣은
물뿌리개를 흥건할 정도로 뿌려도 시원해지지 않았다.
선풍기를 고정시켜도 마찬가지였다. 땀과 물방울에
진득해진 몸으로 점점 뜨끈해지는 방바닥을 이리저리 옮겨
다니며 뒹굴었다. 몇 시간째 영화를 보고 있으니 졸음이
쏟아졌다.

시끄러운 매미 소리와 함께 정신이 아득해지며 주성치의
말소리가 멀리 줄어들었다 커졌다 했다. 이 와중에 공기는
너무도 뜨거워져 숨이 조금씩 막혀왔다. 베란다로 나가야
한다는 생각이 머릿속에 느낌표처럼 돌아다녔으나 달콤
끈적하게 달라붙는 잠과 좀처럼 끝나지 않은 주성치
영화를 두고 의식은 자꾸 사그라들었다. 노란 방바닥이

일순간 일렁일렁 파도치듯 움직였다. 얼마나 지났을까. 레몬이 떠다니는 물속에서 누군가 날 부르는 소리를 들은 것만 같았다. 나를 흔들어 깨우는 언니의 목소리에 눈을 떴다. 눈을 뜨는 동시에 살고 싶다는 생각을 했다. 바닥에 껌처럼 들러붙은 내 몸을 혼신의 힘을 다해 떼어냈다. 그러고는 좀비처럼 헐레벌떡 방을 뛰쳐나갔다. 유리문을 열고 앞 베란다로 나가자 시원한 바람이 내 몸에서 이탈하려던 영혼을 강스파이크로 다시 내리꽂는 듯했다.

"와씨…… 죽을 뻔했다."

나도 모르게 내뱉은 말이었다. 숨이 깊게 쉬어지자 순간 정신이 들었다. 내가 영화를 보고 있었던 것도, 잠이 들었던 것도 어디까지가 꿈이고 현실인지 알 수 없었다. 함께 살던 언니가 퇴근해 집에 도착했을 땐 컴퓨터에서 나오는 열기까지 더해져 방 안은 너무도 뜨거웠고 나는 호흡이 곤란한 사람처럼 가쁘게 숨을 쉬며 누워 있었다고 했다.

베란다로 뛰쳐나가 탁, 하고 숨을 들이마신 순간이 어제처럼 기억난다. 내 안에 뜨겁게 달궈진 공기를 뱉어내고 파랗게 들이마신 여름 저녁을. 초저녁 가로등이 켜지던 길가, 빙글빙글 새파랗게 발광하며 휘돌던 하늘빛, 이제 막 차분해질 준비를 하던 여름의 공기와 대로변을 줄지어 지나던 노랗고 빨간 자동차의 불빛들, 어디선가 스치듯 옅게 낫던 치자꽃 향까지 이 모든 게 어지럽게 기억 속에 얽혀들었다. 한 번의 숨으로는 감당하지 못할 만큼 수많은 이미지들이 쏟아지던 그 순간은 살아 있다는 생생한 감각과 함께 내게 가장 불덩이 같은 여름 기억으로 각인됐다.

사실 이런 기억이라면 괴롭고 징한 계절일 법도 한데 왜 나는 이날을 찜질방에서 버티다 나와 단번에 들이킨 콜라 한 잔처럼 청량하고 상쾌한 기분으로, 심지어 여름을 사랑한 첫날로 기억하는 건지 알 수가 없다. 살아 있다는 감각을 온몸으로 파르르 떨며 집어삼켰기 때문일까. 아니라면 사람은 어떤 경로를 통하든 자신이 태어난 계절을 사랑하게끔 프로그래밍 되어 있는지도 모르겠다. 어차피 정해진 사랑을 하기 위해서 끝없이 내 기억을 미화해가는 것인지도. 이날로부터 모든 게 살아 있다고 소리치는 것만 같은 이 계절을, 선명한 여름의 색과 소란함을 더 좋아하게 된 것만은 확실하다.

좋아하는 여름의 장면을 조금씩 더 관찰하게 된 것도 이때부터다. 한강변이 밝은 연둣빛으로 빼곡해지는 때, 지하철 안 사람들 목덜미에서 빠르게 깜빡이며 지나는 빛 조각의 리듬을 헤아리는 일이나, 매미 소리를 들으며 잠드는 낮잠의 기분, 운전하는 중에 어린이보호구역의 노란 표지판과 여름 하늘을 겹쳐 보는 일. 모두가 떠난 알록달록한 놀이터의 여름 색을 구경하는 것도 무척 좋아한다. 괌이나 사이판 같은 여름 나라에 갔을 때 본 플레임트리의 불꽃색 꽃잎, 시드는 것이 아니라 당당히 머리를 내던져 죽는 플루메리아 꽃, 사라락거리며 느리게 움직이는 거대한 풀숲의 초록. 마요르카의 반짝이는 물빛들도 여름에 대한 기억을 더 단단하고 풍요롭게 했다.

선명한 여름의 장면들이 전부 '기록'되는 게 아니라 조각난 '기억'이 되는 이유는 햇살이 장면의 일부를 몰래 가지고 사라지기 때문일 것이다. 그토록 강렬하고 아름다운 색으로 발화시키고는 그 색깔들을 가지고 조용히 사라지는 게 햇빛이니까. 여름 내내 창가에 있던 책 표지가 바래는 것처럼. 햇빛은 기억의 색깔도 뭉근하게 바꾸어버리는 것이라고, 그래서 해를 쬔 기억들은 대부분 그렇게 바래고 뭉개지고 웃음소리 같은 것만 남게 되기

마련이라고. 그건 앞으로도 햇살이 내 삶 곳곳에 더 깊게 깃들길 바라는 이유이기도 하다.

꾸준히 좋아하는 것은 손에 꼽을 정도인데 그중에 여름이 있다는 것이 어쩐지 든든하다. 후덥지근하고 우중충한 날씨가 계속되고 여름의 유일한 장점이 복숭아뿐이라던 친구 얘기에도 흔들리지 않고 여전히 강단 있게 여름을 좋아하고 있다. 그날 친구와 헤어지고 마포대교를 지나는데 흐리던 서울이 내 마음에 화답하듯 온통 핑크빛 노을로 물들기 시작했다. 더없이 황홀한 광경.

이거지! 이런 게 여름의 맛이다. 후덥지근하고 견디기 힘든 여름 오후에만 불현듯 찾아오는 선물 같은 노을이니까. 깜짝 마법 상자 같은 여름. 요망한 매력의 여름. 여름 사랑을 철회하는 일은 아마 당분간 없을 것 같다.

시트러스 섬머에일

이대로 잠들어 녹을까
눈부셔 햇빛 내음은 온통 시트러스
간절히 더 성실하게 따뜻하고파

너는 summer love song
노랗게 피어나
나를 이토록 살고 싶게 하는 시절이야

눈부셔 햇빛 내음은 온통 시트러스
그대여 난 그대에게
가장 밝게 빛나는 절망이고 싶어

너는 summer love song
노랗게 피어나
나를 이토록 침몰하게 하는 시절이야

프롬 작사·작곡, EP앨범《Cellophane》(2020) 수록.
KOMCA 승인필.

내가 꿈꾸던 집

예정에 없던 보관이사를 하게 됐다. 말 그대로 이삿짐을 어딘가에 보관했다가 이사를 하는 것인데 너도 말리고 나도 말리고 모두가 뜯어말리는 데는 이유가 있다. 보관이사라는 것이 얼마나 극악하냐 하면 우선 비용이 기본 두 배다. 짐을 보관하는 데 한 번, 창고에서 다시 꺼내 이사하는 데 또 한 번 비용이 들기 때문이다. 거기에 보관 일수에 따른 추가 비용까지 얹어진다. 이 얼마나 비효율적인가! 집이 없는 동안 머물 곳도 찾아야 하니, 마치 두 주짜리 여행을 떠나듯 짐을 분리해 이곳저곳을 전전해야 한다.

우리 집에는 반려동물과 반려식물이 있다. 당연히

이들은 창고에 보관할 수가 없다. 화가이자 여행가인 친구 물길이가 품에 안고 왔던 조그마한 여인초 화분은 어느새 집 천장에 닿는 괴수로 자라나 있었고, 얼마 전 형부가 데려다놓은 손바닥만 한 새끼 고양이는 깨물요괴로 자라나며 우리 집에 완전히 눌러앉았다. 이렇게 저렇게 식구도, 살림살이도 늘어난 와중이었다.

본격적인 이사 준비에 돌입했다. 창고에 맡길 수 없는 물건을 따로 빼두어야 했다. 섬세한 장비들과 습도가 중요한 악기들, 두 주간 생활할 옷과 필수품, 쉽게 상하는 냉장고 속 식자재, 설탕이와 프림이의 먹거리와 장난감과 침대, 괴수 여인초 외에도 아라리아, 아가베 같은 덩치 큰 화분들, 미리 떼어둬야 할 조명까지…… 차가운 창고에 둘 수 없는 것들이 이렇게 많았다니. 집의 보살핌이 늘 필요한 것은 나뿐이 아니었나 보다.

정리해야 할 물건들은 더 많다. 도예를 배우겠다며 만들어낸 기하학적 장식품들과 실패한 도자기들, 하하 귀엽다, 하며 마음이 잠시라도 흔들리면 주저 없이 구매했던 조립 장난감이나 피규어도 잔뜩. 복도 끝 방에는 세계 7대 불가사의 중 하나인, 매일 똑같은 옷만 입고 다니는데도 늘 넘쳐나는 옷장이 있다. 터질 듯 걸려 있는 행거의 옷들은 짐 정리를 즉각 포기하고 싶을 만큼 검은 기운을 뿜어냈다. 엄두가 안 나 돌아서는데 눈앞에 거대한 책 더미가 보인다. 꽂아둘 공간이 부족해 선반 위에 쌓아둔 책들. 이동진 평론가가 말했다. 책을 사서 두는 것부터 이미 독서의 일부라고. 책이란 왠지 충동구매나 과소비를 해도 정당화되는 품목 같다며, 지성인의 귀여운 빈틈같이 미워할 수 없는 느낌 아니냐며 뺀질거리는 동안 책 읽는 속도보다 사는 속도가 훨씬 빨라졌다. 감당하지 못한 책들은 눈앞에 무더기로 쌓였다.

한숨이 팍 나왔다. 내 짐은 언제 이렇게 증식했을까. 가방 하나에 생필품 몇 개만 들고 서울에 올라온 날로부터 몇 번의 이삿짐을 싸고 풀어내는 동안 이렇게 많은 게 필요한 사람이 된 걸까. 언제든 떠날 날을 유예하며 살던 시절을 지나 이제는 하나씩 늘어나는 짐들을 끌어안고 더 무겁게 이곳에 뿌리내리고 싶었는지도 모르겠다.

자, 엄두가 안 나는 것들은 일단 그대로 두자. 대신 만만해 보이는 양말 서랍을 통째로 꺼내왔다. 햇살이 드리우자 먼지가 반짝이며 부유한다. 먼지가 이렇게 예쁠 일인가 싶다. 떠나려니 새삼 보이는 것들이 있다. 이 집 햇살이 참 좋았지.

춘천행 전철을 타야 하는 곳에 살았다. 시내에서 떨어진 한적한 시골 동네에서 살아본 건 생애 처음이었다. 결혼 당시, 대출이 다 막히던 부동산 대격변의 시대였던 터라 어쩌다 보니 남양주 어느 읍에 있는 아파트까지 흘러들어왔다. 강남까지는 그래도 가까운 편이었고 주로 집에서 작업하는 나와 달리 찬이가 삼성동 작업실로 출근하기에는 썩 괜찮은 위치였다. 거리마다 주차로 골머리를 앓는 신도시 상가 주변에 비하면 텅 빈 하천 외엔 주변에 아무것도 없는 것이 마음에 들었고, 모든 방에 햇살이 깃드는 것도, 탁 트인 하늘을 볼 수 있다는 것도 좋았다.

처음으로 아파트 생활을 해보니 한국에서 왜 아파트가 부동산 최상위 포식자인지 조금 알 것도 같았다. 매일 차 빼달란 소리를 알람처럼 듣던 사람으로서 주차를 비롯한 여러 편리함도 컸지만, 무엇보다 모두 똑같은 네모 칸 속에 살고 있으니 다수 속에 꽁꽁 숨어 있는 기분이랄까. 내가 전면에 드러나지 않고 언제든 비겁할 수 있다는 점도 마음에 들었다. 서울과 거리가 있다 보니 외출이 절로 뜸해지면서 집에서 혼자 보내는 시간이 많아졌다. 집은 넓고 고요했다. 그 유명한 층간 소음을 전혀 느끼지 못할 만큼 조용한 집이었다. 가끔은 아래위에 사람이 살고 있다는 것도 종종 잊었다.

혼자 집에 있을 때는 해 질 녘 노을을 기다리면서 커피 한 잔을 내려놓고 그 시간을 오래오래 즐겼다. 발광하는 주황빛으로 거실이 가득 차는 때, 선캐처가 흰 벽에 무지갯빛 그림자를 춤추게 할 때, 나는 찰나이지만 아무것도 더 필요하지 않은 완전한 마음 상태에 이르곤 했다. 그럴 때면 기타를 잡고 이름 없는 멜로디들을 흥얼거렸다. 집에서 그렇게 많은 햇살의 움직임을 발견하고 관찰해본 것은 생경하지만 행복한 경험이었다. 애초에 여유와 행복 자체가 낯선 것이었는지도 모른다. 가끔 서울로 외출할 때는 여러 약속을 순서대로 치르고 돌아오느라 진을 빼기도 했지만, 오랜만에 서울 시내 멋진 가게에서 커피만 마셔도 여행 온 듯 만족감이 넘쳤다.

무엇보다 이 동네가 좋았던 이유는 주민들이 동물에게 다정했다는 점이다. 산책할 때 만나는 동네 주민들은

서로의 반려동물 이름을 불러주며 간식을 나누곤 했고,
사거리 모 업체 마당에 묶여 방치되던 커다란 개를
매일 돌보고 산책시키는 주민도 있었다. 아파트에 사는
길고양이들도 주민 모두가 함께 키우는 분위기였다.

언젠가 남자아이들이 나뭇가지를 들고 아파트 정원을
헤치며 들어가는 모습을 보고 혹시나 싶어 따라가본
적이 있다. 아이들은 너도 나도 "미키야" 하고 고양이의
이름을 다정하게 불렀다. 정원 정자 뒤에서 고양이를
발견하자 고양이가 놀라지 않게 조용히 하라며 서로
신호를 주고받더니 츄르를 종류별로 꺼내 내밀었다. 이렇게
사랑스런 꼬맹이들이라니. 미키를 소중히 쓰다듬으며
챙기던 모습이 울컥할 만큼 안심되고 고마웠다. 잠시지만
아무런 갈등 없는 작은 유토피아에 입성한 기분이었다고
할까. 아무튼 고양이 이름이 미키인 것을 그날 알았다.
사실 미키는 덩치도 크고 험상궂게 생긴 고양이였는데
사생팬처럼 이름을 불러대는 아이들이 귀찮다는 듯 츄르만
냅다 먹고 슝 가버렸다는 것이 이날 조금의 반전이다.
사랑받는 자 특유의 도도함을 온몸으로 내뿜으며.

오크색 원목 마루 위를 살그머니 지나던 햇살이 기지개를

켜듯 양말 서랍 위로 발을 뻗는다. 처음으로 내 취향대로 자재를 고르고 내 마음대로 고쳤던 집이다. 그간의 나를 둘러싼 비선택적 환경에 살풀이하듯 열심히 알아보고 선택하며 만들어온 집. 창호가 단단하고 아귀가 잘 맞아 외풍이 없던 데다 햇살까지 더해져 겨울이 참 따뜻했던 집. 어떤 소망은 눈치채지 못하는 사이 피어나 있기도 한다. 무심코 지나치는 천변의 들꽃처럼.

따뜻한 집은 언젠가 내가 가장 꿈꿨던 집이다.

창백하고 아름답고   공평한

"여름과 겨울 중 어떤 계절이 더 견디기 힘든가요?"라는
제목의 글에 베스트 댓글이 달렸다. "여름은 죽여줘.
겨울은 살려줘"라고.

겨울이 좋다고 말하는 사람을 보면, 도대체 어떻게 겨울이
좋을 수 있을까, 하는 근원적 의문에 사로잡히곤 했다.
겨울이라는 글자를 떠올리면 당장이라도 산산조각 날 듯한
괴로움과 위기감이 밀려왔고, 지붕 없는 삶에 겨울이란
얼마나 혹독하고 잔인한 계절일지 생각하면 더욱 그랬다.
무엇보다 '죽여줘'는 중의적인 의미로도 쓰이지 않는가.
익살스러움도, 살 만한 기분도 어느 정도는 담겨 있다. 반면
'살려줘'에는 아무런 숨은 의미가 없다. 그저 생존을 위한

조난 구호일 뿐. 그러니 아무리 생각해도 살려달라는 쪽이
훨씬 더 절박하지 않은가.

유년 시절 살던 집은 단독주택이었다. 당시 부산의
주택들은 대부분 기름보일러로 난방을 했다. 가세가
완전히 기울자 가장 힘들어진 것은 보일러에 기름을
채우는 일이었다. 겨울이 되면 등유 값이 오를 때마다 벌벌
떨었고 기름 넣을 때가 다가오면 온 집 안에 근심으로
그늘이 드리워졌다. 잠시 바닥을 데우려면 큰돈을
지불해야 했고 딱 지불한 만큼만 따뜻했다. 냉기 서린 집에
가끔 난방을 돌리면 온전히 끓여 데우지 않은 국처럼 내
몸도 어딘가 상할 듯이 미지근했다. 외풍이 심해 아침이
되면 엄마가 쓰던 스킨로션이 얼었다. 실내 온도가 영하와
영상을 오가던 집. 체감온도만으로는 실내와 실외를
구분할 수 없던 시절이었다. 햇살이 가득 내리는 낮이면
밖이 더 따뜻했으니까.

집 안에 있어도 입김이 나서 언니와 나는 엄마의 카디건을
몇 겹씩 걸쳐 입고 껄렁한 포즈로 담배 놀이를 했다.
후후 입김으로 연기를 내며 동네 불량한 언니들의
말투를 최대한 경우 없이 흉내 내는 놀이였다. 겨울에만

가능한 놀이가 있다 할지라도 추위를 심하게 타고 극심한 수족냉증을 앓던 나는 겨울이 더없이 싫었다. 싫었다기보다 견딜 수 없었다고 하는 게 맞겠다. 꼼짝없이 당해야 하는 재난에 가까웠으므로.

유일한 난방기인 전기장판을 도피처로 삼기도 했다. 냉기가 스민 몸을 전기장판 위 이불 속에 쏙 집어넣으면 순식간에 몸이 스르르 녹는 그 순간만큼은 천국이었다. 그러나 이내 피가 끓기 시작했고, 열기가 머리끝까지 치솟으면 발은 얼음처럼 차가워졌다. 사람은 늘 손발이 따뜻해야 한다고 들어서일까. 발이 차가워지면 내 몸의 대문부터 망가진 기분이 들었다. 온갖 불안과 추위가 발끝으로부터 너무 쉽게 몸 안으로 뻗쳐 들어왔다. 코와 발이 시린 와중에도 얼굴은 터질 듯 뜨거워 견딜 수 없는 상태. 냉동실 안에 켜진 가스레인지 불 위에 누운 듯 기묘했다. 이러지도 저러지도 못하는 괴로운 기분을 안고 겨울 잠을 잤다. 촌년병이 그때 생겼다.

서울로 옮겨와서도 겨울이 힘들기는 마찬가지였다. 서울의 첫 집은 여름을 나는 동안 죽을 만큼 더웠던 집이었으니 겨울만큼은 따뜻할지 모른다고 막연히 기대하기도 했다.

꿈에 그리던 가스보일러도 있었지만, 낡은 주택의 외풍까지
막아줄 수는 없었다. 날씨가 추워지면 오래된 주택은
자연 친화적으로 추워진다. 추운 집이라면 이미 충분히
단련되어 있던 나는 지지 않겠다는 마음으로 양말 위에
수면양말을 겹쳐 신고 극세사 플리스와 오래된 겨울
패딩을 입고 전투 자세를 취했다. 그 위에 무릎담요까지
덮어야 책상 앞에서 작업이 가능했다.

가스보일러가 있는 집이라면 뭐든 이겨낼 수 있을 것
같았으나 벽을 통해 송송 들어오는 바람은 겨울 동안 거의
한 몸 같은 친구였고, 그 친구가 너무 오랫동안 눈치 없이
집에 머물러 있자 무력감이 찾아왔다. 작업하는 동안
꽁꽁 언 몸을 전기장판에 녹이면 얼굴로는 밤새 열이
오르고 손발은 점점 차가워지는 대환장쇼를 하며 잠에
들었다. 한 친구는 아빠가 보내준 마늘홍삼진액을 먹고
수족냉증에 효과를 봤다며 적극 추천해주기도 했다. 당시
내 수입으로는 꽤 큰 금액이어서 그마저 효과가 없었을
때는 정말이지 울고 싶어졌다. 여유가 없어 추운 집에
살고, 추우니 몸이 차가워지고, 차가워진 몸을 데우기 위해
다시 마늘홍삼진액을 사 먹어야 하는 삶. 아아 밑 빠진
독에 물을 부으며 모든 게 다 연쇄적으로 망가지고 있다는

기분에 괴로워하던 겨울, 내 몸의 가장 바깥 부분부터 죽음이 스며들던 겨울. 겨울은 어디에서든 늘 나의 좌절이었다.

그 집에서 꼬박 겨울을 보내고 처음 맞은 봄. 언니와 엄마와 나의 늙은 개 수롱이와 복동이까지 집 근처 야트막한 성미산에 올랐던 날이다. 평생 한곳에서만 살았던 우리 가족이 새로운 동네로 이주해 낯선 공기 속에서 새 계절을 맞이하고 있었다. 그렇게 숨을 돌리다 올려다본 하늘에는 조그만 낮달이 떠 있었다. 창백하고 아름답고 또 공평했다. 모두가 올려다볼 수 있는 달이었다. 살아 있는 존재라면 세기를 넘어 모두 같은 달을 바라보고 살아왔겠지. 그렇게 생각하니 잠시나마 지긋지긋한 현실도, 내 삶을 자조하는 마음도 모두 지워지는 듯했다.

거의 언덕 같은 산이지만 그것도 산이라고 이마에 땀이 송골송골 맺혔다. 땀에서는 어떤 낙관적인 희망이 생겨나는가 보다. 그래서였나. 그날 우리는 도란도란 가쁜 숨을 쉬어가며 이야기했다. 언젠가는 따뜻한 집에 살자고. 쇼윈도가 있는 가게에서 예쁜 식기 같은 것도 사보자고. 각진 쇼핑백에, 선물상자에 포장해주는 그런 걸 사자고.

생존 너머에 있는 것들을 아무렇지 않게 한번 사보자고.

오래된 양말이 꽉 들어차 있던 양말통을 뒤집는다. 굳이 이삿짐이 될 필요가 없는 것들을 골라내기 위해. 안쪽 구석에서 우수수 나온 것들은 두꺼운 수면양말이나 니트 짜임이 있는 보온용 양말 같이 이제는 잘 신지 않는 것들이다. 아주 낡은 것도 있고 새것 같은 모습으로 그 자리에서 해묵은 것도 있다. 버리기는 좀 어정쩡해서 정리할 때마다 그대로 뒀던 것들을 이번엔 버릴 것으로 분류한다. 이사라는 단호한 계기가 없었다면 쉽지 않았을 결단이다.

겨울이 오기 전이면 늘 양말을 샀다. 추운 바람에 맞설 나의 대문을 정비하는 마음으로. 친구나 연인, 팬들이 선물했던 양말도 있다. 꺼내 신을 양말의 여분이 넉넉하면 단단한 방호막 하나 정도는 가진 기분이 들었다. 가끔은 떠올린다. 수면양말이 그다지 세련된 색상이 아니어서 서랍장이 알록달록 요란해지곤 했던 그 겨울을. 서랍장에서 밀려난 그 양말들처럼 방 안 가득했던 겨울도 어느새 조금씩 밀려났을 것이다.

이제 내 겨울은 예전만큼 춥지 않다. 단지 형편이 좀 더 나아져서만은 아닐 거다. 첫 서울 집 이후로는 아담해도 따뜻한 집을 알아보는 기술이 생겼고, 나름의 방한 대비책도 마련할 줄 알게 됐다. 무엇보다 눈 내리는 서울의 겨울이 아름다워서 조금씩 겨울에 대한 미움과도 작별하고 있다. 올해 눈이 내린 횟수만큼은 겨울을 좋아하는 사람들을 오롯이 공감하려는 마음이다. 낡은 양말들까지 추려서 다 버리고 나니 새 양말 자리가 많이 생겼다. 이사를 가면 양말을 사야겠다. 목이 조금 길고 탄탄한 면으로 된, 적당한 두께의 양말이면 충분하겠지.

낮달

아주 좁은 길
당신과 나란히 함께 걷는
그 뒤로 부서지는 햇살

꽃도 바람도 모두 나를 따라 함께 걷는
그 뒤로 창백해진 공기

뭔가 낯선 아득한 하늘에
우리 언젠가 따뜻한 집 살자 하던
그날 그 언덕 당신과 나란히 함께 걷는
그 뒤로 벌써 달이 숨었구나

아주 좁은 길
당신과 나란히 함께 걷는
그 뒤로 부서지는 햇살

뭔가 낯선 하늘 아득한 이 공간에
우리 언젠가 예쁜 그릇을 사자 하던

그날 그 언덕 당신과 나란히 함께 걷는
그 뒤로 벌써 달이 숨었구나

프롬 작사·작곡, 정규앨범 2집
《Moonbow》(2015) 수록. KOMCA 승인필.

하루의   끝

"내가 다시 할 수 있을까?" 고민 끝에 서울로 이사할
집의 인테리어 공사를 내가 맡기로 했다. 필요한 부분만
원하는 방향으로 각각의 시공자들을 섭외해서 고치는
방식의 셀프 인테리어. 지금 살고 있는 집도 내가 어거지로
공사를 진행했었고 다행히 성공적으로 끝내기는 했지만
그 과정에는 고통과 눈물이 난무했다. 그 후로 다시는
절대 안 할 거라고 다짐했건만 몇 군데 견적을 내보고는
순순히 다시 내가 하는 그림이 되었다. 그래도 처음보단
수월하겠지, 하는 마음이 컸다.

자재를 고르러 다니면서 이삿짐을 쌌다. 나는 프림이와
설탕이를 데리고 엄마 집으로 들어갔고, 찬이는 작업실과

본가를 오가기로 하고 각기 흩어졌다. 보관이사 창고로 들어갈 수 없어 분류해뒀던 짐도 나와 찬이가 지내야 할 곳으로 나눠 날랐다. 악기를 옮기는 일이 가장 힘들었다. 특히 야마하 S90ES 건반은 무지하게 크고 무거워서 차에 실을 때부터 애를 먹이더니 추운 밤에 맨손으로 옮기다 몇 번이나 떨어뜨릴 뻔하고 나도 모르게 욕을 했으며 괜히 울 뻔했다.

이사 전에 매일같이 작은 이사를 하는 기분이라 밤만 되면 파김치가 되었지만 머릿속이 복잡해 쉽사리 잠들지 못했다. 서울이 텃세를 부리나 싶을 정도로 모든 게 순탄하게 느껴지지 않았다. 공사는 시작도 안 했는데 계속 민원 전화가 오질 않나. 어딘가 무서운 관리사무소 아저씨는 이유 없이 불편한 심기를 드러냈고, 엘리베이터에서 오가며 마주치는 이웃들은 슬쩍 인사를 건네도 쌀쌀맞은 표정이었다. 날씨는 몹시 추웠다. 그럴 때마다 마음까지 얼어붙어 살던 동네가 벌써 그리워질 지경이었다. 괜히 울적해져 창백한 겨울 하늘을 바라보다가 시공자들의 전화가 오면 얼른 현장으로 뛰어갔다. 이사 갈 집의 방문은 크기, 두께, 종류가 다 달라서 문손잡이 하나 교체하는 것도 밤새 머리를 싸매야 할 정도로 공사가 복잡했다. 먼 길을 오가며 매번 새로운 시공자들을 상대하는 일도 버거웠다. 체력도 한계에 다다랐다. 잘 모르는 분야를 공부해가며 생각한 대로 구현해야 하고, 자꾸만 엉키는 문제를 해결해야 하는, 어딘가 신경줄을 당기는 뻐근한 고통의 나날이었다.

그러다 교통사고가 났다. 가져다줘야 할 짐이 있어 바쁘게 집을 나서던 차였다. 그날 따라 메신저에서는 무언가를 확인해달라는 시공자의 연락이 계속 오고 있었고, 내비게이션은 안내하던 길을 순식간에 다른 방향으로 틀었다. 내가 길을 잘못 들었나, 하고 고개를 잠시 돌려 확인하던 찰나였다. 평소엔 차가 절대 정차할 리 없는 곡선도로에 차가 서 있었다. 급히 브레이크를 밟았지만 이미 늦었다는 걸 알았다. 고속도로로 빠지는 갈림길에서 하필 차가 두 대씩이나 길을 잘못 들어 도로에 멈춰 서 있었던 것인데 순간 상황 판단을 하지 못했다. 으악, 하는 내 비명 소리와 함께 순식간에 차 보닛이 나를 향해 종이짝처럼 구겨지며 달려들었다. 이 순간이 현실인지 꿈인지 분간할 수가 없었다.

괜찮으세요? 나와 앞차 운전자는 목덜미를 잡고 내리며

서로의 안위를 물었고 다행히 크게 다친 사람은 없었다.
대신 차체가 낮은 내 차는 삼 분의 일이 완전히 구겨졌다.
바닥에 흩어진 헤드라이트 아이라인을 주섬주섬 주워
담으며 보니 면상이 말이 아니었다. 일 분 전만 해도
멀쩡한 귀염상이던 내 차가 순식간에 구겨진 고철덩이가
되다니⋯⋯ 브레이크를 좀 더 늦게 밟았거나 당황해서
핸들을 꺾었다면 더 큰 사고로 이어졌을 것이다. 차의 파손
상태를 보니 크게 다치지 않은 게 기적에 가까워 보였다.

사고가 나고 보니 모든 순간이 우연의 연속이었다는
생각에 아연했다. 없는 시간을 비집고 미루다 미루다 잡은
약속. 내가 급하게 집에서 나온 시각. 정작 가져다줘야 할
물건을 두고 나와 다시 엘리베이터를 잡았으나 그때 마침
고층까지 올라가버린 엘리베이터. 그사이 놓친 오 분.
그 오 분으로 인해 처음과 다른 길을 알려준 네비게이션.
하필 그때 길을 잘못 든 두 대의 차. 이 모든 우연이 하나의
검은 점을 향해 전속력으로 빨려들고 있었구나. 이 사고가
성립되기 위해서. 급하게 휩쓸려가던 몇 분 동안의 모든
에피소드가 기괴하게 짜맞춰졌다. 단 하나만 달랐더라면.
다시 그때로 돌아가 시동을 걸고 출발할 수 있다면. 어딘가
금 간 사람마냥 게임 리셋하듯 오늘 하루를 그냥 다시

시작해야겠다고 생각했다가 '아차 그럴 수 없지' 하고 현실로 돌아오기도 했다.

엉켜버린 사고의 파편과 기억을 안은 채 결국 아무것도 되돌릴 수 없다는 사실을 나는 받아들여야 했다. 누군가 다쳤거나 더 큰 것을 잃었다면, 더 많은 경우의 수와 우연을 되짚어가며 불행을 두고두고 자책했을지 모른다. 영원히 내일이 오지 않는 세계로 단번에 쑥, 하고 빠져버릴 수도 있다는 사실이 벼랑에 발을 헛디딘 듯한 아찔한 감각으로 몸에 남아 지워지지 않았다. 어딘가로 낙하하는 듯한 이상하고 섬뜩한 기분. 나는 사고를 수습하고, 집 공사를 마무리하고, 이삿날을 기어이 지나, 이날을 잊은 듯 앞으로 펼쳐진 시간을 살아내야 할 것이다.

폐차해야 할지도 모른다는 전화를 받았다. 따뜻한 물 한 잔을 마시며 조금 진정시켜보았지만 몸은 속 깊은 곳에서부터 후들후들 떨렸다. 오늘 내가 운 좋게 살아남았다는 생각에. 변경된 자재를 골라달라는 재촉이 폰 화면에 아직 떠 있다. 한순간에 끝날 수 있는 삶인데, 어떤 하루는 영원히 끝나지 않을 것만 같다.

슬픔을 위한　　　　　　　　　　체리

걸어서 십 분 거리, 동네에서 가장 저렴하고 규모도 큰 마트에 왔다. 입구부터 동네 사람들로 북적댄다. 들어오는 주차장 쪽에서 익숙한 명품 무늬가 새겨진 지갑, 가방 일체를 만 원에 팔고, 옆에는 무더위에도 아랑곳하지 않는 맥반석 오징어 가판도 열려 있다. 맥반석 열기 앞에서 까맣게 그을린 아저씨가 우스갯소리를 나누며 오징어를 굽는다. 빙글빙글 돌아가는 버터구이 오징어 그림이 오징어가 오그라드는 듯한 모습을 연상시키면서도 마치 유원지에 온 듯한 기분이 들게 한다. 꼭 재래시장에 온 것처럼 사람들의 활기가 넘쳐서 반갑다. 잠시 그 기운으로 마음을 환기시키고 마트 입구를 지나 곧장 과일 코너로 향했다. 오늘은 나를 위해 체리를 사기로 했거든.

체리는 어쩐지 사치스럽다. 어릴 땐 먹어본 적도 없던 과일. 체리인 줄 알고 먹었던 버터케이크 위에 장식된 젤리는 깨물자마자 뱉고 싶은 불쾌한 맛이었지. 일본 순정만화 속 화려한 파르페 꼭대기에 등장하는 궁극의 빨간 맛. 꽤 대중화가 됐을 때 처음 먹어본 체리는 참으로 매혹적인 맛이었다. 체리사탕도 체리코크도 하다못해 체리향초의 독한 향내도 체리의 본래 맛과 전혀 닮지 않았다니. 체리의 단맛은 자연스럽고 고급스러운 새빨간 단맛이다. 단단한 살결은 아사삭 씹히고 달콤함과 함께 코끝으로 퍼지는 은은한 풀향, 이거야말로 체리의 진짜 체취지. 게다가 쉽게 톡 뱉을 수 있는 씨앗의 재미까지 있으니.

한 손에 거뜬히 들리는 플라스틱 한 팩의 탐스러운 체리는 팔천구백오십 원. 요즘 같은 고물가 시대에는 마트에서도 정신을 단단히 차려야 한다. 카페에서 사 먹는 커피나 디저트류가 육칠천 원을 넘고 친구들에게 쉽게 손가락 몇 번 움직여 선물하는 핸드크림도 삼사만 원이 훌쩍 넘는 시대다. 어제도 오래 못 본 친구에게 삼만 원짜리 핸드크림을 보낸 터인데 왜 마트에서 파는 팔천구백오십 원짜리 과일 한 팩은 비싸게 느껴지는 걸까. 유타주나 몬태나주 농부에 의해 길러지고 수확되어 비행기를 타고 한국에 도착했을 체리. 길고 긴 물류의 과정을 거쳐 결국 경기도의 한 마트로 왔을 체리. 그 고단한 과정을 거치고도 생생한 살결로 지금 내 손 위에 있는 것일 텐데. 체리가 타고 온 것들 차비만 생각해도 오만 원은 족히 칠 것 같은데. 이러나저러나 아무리 생각해도 평소엔 체리를 장바구니에 담는 일이 부담스러웠다. 그런데 오늘은 마음먹고 체리만을 위한 쇼핑에 나선 것이다.

예술가는 예술로 돈을 버는 사람이자 프리랜서다. 한 번도 느껴보지 못한 것은 아니지만 요즘 들어 빈번해진 조바심은 스스로도 당황스러울 만큼 순식간에 나를 잠식했다. 코로나 시기를 지나고 요즘 들어 새로운 섭외 연락이 없는 것도, 신곡을 발표해도 세상이 너무 잠잠한 것도, 모처럼 큰 극장에서 연 공연에 자꾸 취소표가 나오는 것도 인정하고 싶지 않지만 내 시장가치가 추락하고 있어서 그런 건 아닌가, 하는 생각에 몹시 괴로웠다. 그에 반해 준비해야 할 것들은 점점 더 많아지고 버거운 싸움을 매일같이 혼자 해내야 하는 일상. 어제는 끝끝내 참았던 눈물이 삐질삐질 흘러나와 물속의 돌처럼 울기도 했다.

그런 마음을 가득 안은 채 평소보다 규모가 큰 단독공연

공연을 준비하려니, 나 정말 음악 하는 사람으로 언제까지
살아 남을 수 있는 걸까, 하는 위기감이 목 끝까지
들어찼다. 선배들이 무수히 말해왔던, 떠난 기차를
바라보는 기분이 이런 거였나. 오래 활동해왔지만 여전한
사람들을 보며 부러워했다가 또 좌절했다가 사실은 내가
가진 것에 비해 오래 버텨왔구나 싶기도 했다. 지금껏 나는
나 혼자 모든 걸 해내느라 너무 많은 타협을 한 게 아닐까.
말도 안 되는 것까지 다 끌어와 후회하며 수많은 생각
속에서 눈을 떴다. 갑자기 하루아침에 달라진 세상에서
눈을 뜬 것 같은 기분으로.

십 년 조금 넘게 아무 생각 없이 눈앞의 것들만 해결하며
살아왔다는 생각에 좌절감이 밀려왔다. 이 기분을
어찌해야 좋을까. 이토록 혼란스러워하는 내가 스스로도
감당이 안 됐다. 그러다 문득 체리를 떠올렸다. 왜인지는
모르겠지만 오늘은 꼭 나를 위한 체리를 사야겠다고
마음먹은 것이다. 나의 슬픔을 위한 체리. 오늘의 슬픔을
위로해줄 팔천구백오십 원짜리 친구를 사기로. 씻어서
투명 볼에 담아 냉장고에 넣어두고 급한 일들을 끝내면
아사삭 깨물어 먹어야지. 씨도 툭툭 뱉어야지. 그렇게
오늘의 슬픔을 뱉어내야지.

시원하게 해둔 체리를 한입에 쏙 넣고 씨를 툭 뱉는다. 아침의 혼란에 비해 체리의 온도만큼 차가워진 마음을 본다.

아삭아삭 달콤한 체리를 씹으며 어쩐지 요란을 떨었던 마음이 조금 부끄러워졌다. 무대연출 정리서와 게스트 섭외까지 완료되자 마음속 폭풍이 멎은 것처럼 일순간 잠잠해진 탓인가. 사실은 아무 일도 일어나지 않았는데 왜 그렇게까지 오바쎄바를 떨었던 걸까. 요즘 겪고 있는 슬픔은 알고 보면 딱 체리만큼의 크기인지도 모른다고 체리를 씹으며 생각했다. 고작 이만큼의 달콤함이면 녹아버릴 슬픔이었을지도. 너무 많은 마음이 고여 있어서 쉽게 파동이 일고 넘치는구나, 하고 곰곰이 그 안을 들여다본다. 오늘의 슬픔은 꼭 그만큼의 분량으로 입속을 뒹굴며 사라졌기를 바라는 마음으로. 고작 체리 크기의 슬픔 하나가 나를 얼마나 출렁이게 하는지 알게 된 하루다.

실은 마트에서 만육천팔백 원짜리 샤인머스캣 한 송이도 사왔다. 넌 좀 더 큰 슬픔을 담당해주겠지. 샤인머스캣에 부담감을 꽉꽉 주고 냉장고를 열어 체리 옆자리에 조용히 재운다. 내일의 새로운 슬픔을 위해.

마음의   감각

당신을 생각하면 왜 늘 겨울 냄새가 날까. 집에 들어오면 찬 기운이 밴 외투에서 나는 냄새. 창백하면서도 포근한 마른 공기 냄새. 늦은 밤 일을 마치고 집으로 들어올 때 마주한 기억이 많아서였을까. 보슬보슬 이끼 같은 컬러의 국방색 토퍼를 집 안에서도 늘 입고 있어선지도 몰라. 그 옷은 언제부터 집에서만 입었을까. 내 기억에는 한 번도 바깥에 나가보지 못한 외투였지. 집에서 입는 옷은 낡는 데 하한선이 없으니 일생 동안 버려지지 않았고, 가장 오래 기억되는 옷이 되었네. 언젠가 입겠다고 옷장 안에 꽁꽁 아껴둔 좋은 옷보다, 한번도 외투로 기능하지 못한 채 집 안에 갇힌 옷이 영원히 당신으로 기억되는 것을 보면 집에서 얼마나 잘 차려입어야 하는지 알게 돼. 일상적인

모습일수록 오래 기억될 나의 진짜 모습인 거라고.

당신이 나 시집가는 건 보고 죽어야 하는데, 하고 걱정스럽게 말할 때 너무 오버하는 거 아니냐고 나는 코웃음을 쳤어. 티브이나 드라마에서는 꼭 그런 말을 하는 사람들이 오래 살아남아 반드시 꿈을 이루잖아. 지금 생각하면 아득해지는데, 정말로 죽음을 앞둔 사람의 내일은 어떤 모양이었어?

사람이 죽으면 그 목소리는 어디로 갈까 오래도록 궁금했어. 눈앞에서 사그라드는 신체의 죽음과 별개로 목소리는 영영 우주 저편으로 소멸하는 것처럼 느껴졌거든. 가끔 보던 유튜버가 암으로 세상을 떠났을 때도 남아 있는 영상들 속에서 목소리를 유심히 들었어. 이곳에선 소멸해버린 목소리를. 그날도 빈소에서 당신의 목소리를 떠올리려고 노력했어. 사람들은 죽은 사람의 목소리를 오래 기억하지 못한다는데 나는 당신의 목소리가 아직도 기억나. 그런데 자세히 파헤쳐 기억 속으로 더듬고 들어가면 변형되고 흩어져서 그게 진짜 당신의 목소리였나, 좌표를 잃은 나침반처럼 깜깜한 밤 속에 갇힌 기분이 돼. 결국 정확한 목소리의 씨앗은 딱 몇 개의 단어로만 기억되는데 그마저도 나를 혼내던 목소리, 날카롭게 부르던 목소리 같은 거야. 그리고 음절조차 정확하지 않은, 노래하는 목소리 한 토막. 딱 이만큼으로 당신의 목소리를 아직 기억해. 기억되고 싶지 않은 모습으로만 기억되는 건 참 싫은 일일 테지만.

당신이 사라지고 얼마 지나지 않았을 때야. 학교에서 가족에게 편지를 쓰고 발표하는 시간이었어. 다들 진지하고 감동적이고 조금은 딱딱한 편지글을 읽었지. 내 차례가 되었을 때 선생님과 친구들 모두 나를 의식해 긴장한 듯한 공기가 기억나. 내가 당신에 대한 이야기를 쓰고 말하며 눈물이라도 흘리면 어떡하나, 뭐라고 위로해줘야 하나, 하는 묘한 기류가 온 교실을 뒤덮었거든. 나는 키우던 강아지 수롱이와 복동이에게 편지를 썼고 "철 좀 들어라, 이놈 시키들아"로 편지 읽기를 마무리했어. 반 친구들과 선생님은 내가 천연덕스러운 표정과 어조로 우리 집 강아지들이 얼마나 어처구니없는 털북숭이들인지 말할 때마다 깔깔대며 웃었고 선생님은 발표가 모두 끝난 후 개운한 얼굴로 나의 의젓함을 칭찬했어. 단지 내 글이 웃겨서만은 아니었을 거야. 부담을 맞닥뜨릴 준비를 하던 이들에게 터져 나온 안도 같은 것이었겠지.

그게 뭐라고. 다들 묻기도 겁냈을까. 그 이야기가 나오면
미안하다고 사과하기도 했어. 당신이 사라진 것을 두고
모두가 미안해하는 게 난 불편해서 견딜 수 없었어. 그래서
당신의 얘기를 쓰지 않기로 했지. 나는 늘 그런 역할을
할 수 있는 사람이었으니까. 어색한 분위기를 반전시키고
분위기를 휘어잡았다는 점이 뿌듯했어. 평소 좋은
발표를 했을 때처럼 곧장 당신에게 뛰어가 나의 센스를
칭찬받고 싶었는데, 이번엔 당신이 반전시켜야 할 분위기의
당사자였다는 게 슬펐네.

당신이 사라지고 해를 지나 첫여름이 왔어. 마음을 감각할
수 있다는 걸 나는 그때 알게 되었어. 당신은 나나 언니에게
다정한 사람은 아니었잖아. 너무 무섭고 엄해서 크게 혼이
나면 당신이 빨리 죽었으면 좋겠다고 옥상 난간을 붙잡고
울면서 생각하곤 했거든. 혹시 내가 그런 생각을 해서
당신이 진짜로 떠나버린 건 아닌가 죄책감이 들었는지도
몰라. 그런 생각이 들면 온몸이 찌르르 가슴 안쪽까지
진동하곤 했어. 나에겐 늘 무서운 당신이어서 어쩌면
당신의 죽음을 가장 차갑고 담담하게 받아들인 사람은
가족들 중 나였을 거라고 생각했지.

그러다 내 주변 모두가 당신을 잊어가던 즈음 어느 여름, 버스 안이었어. 버스 차창으로 쏟아지는 햇빛이 투명인간처럼 나의 가슴을 투과하고 있다는 느낌이 들더라. 내 안에 모든 말이 사라지는 느낌. 얇은 교복 천을 들추면 내 안에 커다란 구멍이 뚫려 있을 것만 같은 그런 기분 말이야. 아, 당신이 사라진 그때부터 여태껏 내 가슴엔 구멍이 있었구나. 나는 그제야 알았지. 혹시나 단추 사이로 텅 비어 있는 내가 보일까 봐 옷매무새를 고치며 햇빛 속에 부유하던 먼지를 보던 때가 기억이 나. 나는 그 속에서 당신의 모든 모습을 떠올렸어.

빙그레 웃던 당신. 엄마가 난감해하는지도 모르고 지하철에서 딱따구리 흉내를 내던 당신. 독서실 앞에서 우산을 들고 기다리던 당신. 분필 가루를 마시고 콜록대던 당신. 판피린에프를 매일 마시던 당신. 할미꽃이 그려진 감색 컵만 쓰던 당신. 장기간 입원한 병원에서 저녁 8시만 되면 집으로 전화했던 당신. 고개를 저으며 약이 잘 들어 다 나았다고 거짓말하며 웃던 당신. 그때 당신의 말을 듣고 집에 돌아와 잠이 들면 도깨비방망이를 휘두른 것처럼 당신의 병이 뿅, 하고 한 방에 낫는 꿈을 꿨었는데. 그런데 그때 나는 당신이 없는 집이 나쁘지 않다고 생각했었다?

당신은 우리 집의 그늘이자 그림자고 어둠이며 슬픔이었으니까. 당신의 크기가 내 심장 주변으로 크게 뚫린 구멍만큼 컸다는 것을 당신이 사라지고 한참 후에야 알았지. 그제야 내가 당신을 보냈다는 걸 실감했어. 나도 모르는 새 나의 일부였던 당신을. 키도 크고 노래도 잘하고 공부도 잘했던 당신. 코트를 입으면 옆모습이 참 멋있던 당신.

나의 아빠.
나는 아직도 종종 당신을 생각해.
지금 당신이 내 이름을 부르면 어떤 목소리가 날까, 하고.

명작과 습작   사이에서

'일요일의 기분들을 모아서 앨범을 만들자.'
어느 일요일 오후, 일말의 불안감에도 불구하고 밀려드는 잠에 취해 그렇게 마음먹었던 것 같다.

막연히 일요일을 생각하면 어린 시절이 떠오른다. 방 안 가득 쏟아지던 햇살. 그 아래 일렁이던 졸음 같은 것. 골목길 끝으로 저물던 석양의 뭉클한 온도. 뛰놀던 아이들이 집으로 돌아가던 해 질 녘 소란. 티브이에 집중하던 아빠의 어깨에 걸쳐진 고동색 카디건. 엄마가 문턱에 다리를 괴고 깎던 참외 냄새. 개그콘서트의 엔딩을 알리는 이태선밴드의 연주 음악과 함께 피어오르던 아득한 우울감. 주말이 다 갔구나, 나는 망했구나, 내일 일찍

일어나야 되는구나. 이불 위에 반쯤 돌아누워 끝끝내
슬퍼지고 마는 그런 감정들.

바이러스로 세상이 멈추었던 이 년여의 시간. 내 마음은
일요일의 기분과 비슷한 상태에 자주 머물렀다. 이 시간이
지나고 나면 어쩐지 바랠 것 같은 감정들. 나는 이 막연한
감정들에 당장 구체적인 이름을 입히고 싶어서 조바심이
났다.

하나의 노래가 세상에 나오기까지는 긴 여정이 필요하다.
앨범 작업에 본격적으로 착수하기 위해선 우선 데모
작업부터 되어 있어야 한다. 간단한 연주, 가사와
멜로디만 있다면 충분한 데모의 조건을 갖춘 것이다.
형체만 분명하다면 핸드폰에 흥얼거려 저장해둔 음성
메모만으로도 훌륭한 시작이 될 수 있다. 뮤지션이라면
다들 컴퓨터 하드에 상당한 양의 데모곡을 쌓아두고
있으리라. 꽤 오랫동안 부지런히 앨범을 발매해왔던
나는 2020년 EP앨범《Cellophane》을 끝으로 하드에
저장해두었던 모든 데모곡을 소진했다. 정말 똑, 하고
떨어져버렸다. 곧이어 시작된 팬데믹 시절, 어느 때보다
집에서 많은 시간을 보내면서도 그랬다. 그즈음의 나는

손과 발, 눈도 귀도 없이 멍하게 집 안을 굴러다니는 까만 돌멩이 같았다(나름 재밌게 굴러다니긴 했다. 앨범을 만들고 있지 않을 때는 대부분 그런 상태에 가깝다).

머릿속에는 음악의 이미지와 장면 들이 자꾸만 떠올랐다. '일요일의 기분들'을 얼른 구체화하고 싶었다. 핸드폰에는 흥얼거린 음성메모들이 노래의 흩어진 퍼즐 조각처럼 들어 있었지만, 아직은 곡이라고 부르기가 모호했다. 그 조각들은 간직해둔 보물처럼 든든하게 빛나 보이기도, 어떤 날은 한심하게 느껴져 다 지워버릴까 싶기도 했다. 이 노래 씨앗들에 대한 감상이 극단적으로 오가며 생각이 많아졌다. 집중력을 발휘하면 단번에 퍼즐 조각을 정리하고 여러 곡으로 완성할 수 있을 텐데……. 어떤 두려움 같은 것이 그 과정을 가로막고 있는 것 같았다.

사실, 나를 가장 두렵게 한 건 '구린 걸' 만들어낼지도 모른다는 불안이었다. 무진장 구린 걸 만든 내가 대중에게 비난받고 가수라는 소중한 직업을 박탈당하는 게 아닐까, 하는 두려움으로까지 이어지곤 했다. 스케치를 모아두는 것까지는 희망적이다. 그러나 상상하던 것들을 현실로 꺼내 마주하는 일은 여전히 회피하고 싶은 공포다. 왜

모든 건 가능성으로 존재할 때 가장 아름다울까? 흩어진
조각일 때 완벽했던 것들이 현실로 끌려나오는 순간
초라해지는 경험을 수도 없이 해보았다. 영화 속 꿈결 같은
장면을 쫓다가 현실에서 마주하는 건 형광등 불빛 아래
적나라하게 비친 민낯 같은 것이었다. 그 실망감을 끝없이
유예하기 위해 완성으로부터 매일매일 열심히 도망치는
것이다. 그렇게 내 데모곡 잔고는 통장 정리를 하지 않는
사이 야금야금 동나고 있었다.

오랜만에 연락이 닿은 친구와 통화하다가 무심코
털어놓았다. 시간이 갈수록 온전히 나를 바라보는
일이 더 두렵다고. 만들고 싶은 앨범이 있지만 언제
제대로 꺼내놓을 수 있을지, 스케치들만 끌어안고 있다
끝나버리는 건 아닌지 모르겠다고. 가만히 내 이야기를
듣던 친구가 문득 말했다. 최근 읽은 책에서 본 문장이
하나 있다면서.

"머릿속에만 있는 명작보다 눈앞의 습작이 더 훌륭한
법이래."

대부분의 작가들은 하나의 작품을 세상에 내놓기 위해

완벽을 기한다. 작은 것 하나하나까지 매만지고 미세한 흠까지 집요하게 다듬는다. 나 역시 그렇다. 살살이 씻고 닦고 자르고 붙이고 조이는 방식으로 한 곡을 탄생시킨다. 가사 한 글자 때문에 일 년 넘게 붙들고 있기도 한다. 그러나 자기 검열을 통과하지 못한 음악은 그대로 하드에 묻혀 사라진다.

생각보다 주변의 많은 친구들이 그 과정에서 음악을 포기한다. 아무리 해도 완성처럼 느껴지지 않아서, 생각했던 느낌의 구현이 어려워서, 자신의 부족이 드러나서, 도무지 성에 차지 않아서……. 결국 곡이라는 형태로 마침표를 찍지 못한 채 스스로 가능성의 문을 닫아버린다. 그렇게 어떤 노래들은 좋은 멜로디를 품은 채로 영원히 하드 한구석에서 머물다 잊히는 것이다. 어쩌면 그 '영원'과 '잊힘' 사이에는 노래뿐 아니라 뮤지션의 숙명도 놓여 있을지 모른다.

친구의 이야기는 알 듯 말 듯 새로운 깨달음을 주었다. 세상에 꺼내놓지 않으면, 아무것도 존재하지 않는다는 것. 그래, 올해 안에 '일요일의 기분들'을 발매하자. 나는 우선 그것들을 눈앞에 꺼내놓겠다고 마음먹었다. 회피의 물결,

그걸 헤치고 나아가려면 지금의 내겐 새로운 룰과 영법이 필요한 건지도 모른다. 발매를 향해 늘 해오던 방식에서 벗어나 처음부터 데드라인에 기대어 작업을 해보자는 결심이었다.

> 좋은 기억은 깨끗이 말려서 오래 품고 다니고 싶어
> 우리를 살아가게 하는 것은
> 어쩌면 기적이 아니라 약간의 설렘

친구들이 멀리 이사한 우리 집으로 처음 놀러 왔던 날 끄적였던 메모로 〈그거면 돼요〉라는 곡의 일 절 가사를 만들면서, 이 노래가 앨범의 첫 번째 트랙이라는 확신이 들었다. 거기서 한 걸음 더 나아가 이 노래는 바이러스가 세계를 덮친 시절의 불안과 평안을 노래하는 '정규'앨범의 시작이어야 한다고. 그렇게 스스로에게 선언했다.(정규앨범은 통상 일곱 곡 이상 수록된다…….)

봄이 되자 그리워지는 얼굴들 덕분에 오랫동안 가사가 비어 있던 곡에도 문장이 붙기 시작했다. 팬데믹 이전, 숨 가쁘게 이어지던 공연들과 아주 오래전부터 한 호흡으로 함께 노래하던 팬들, 또 내 곁에 잠시 머물렀던 사람들을 떠올리며 만든 〈봄밤에 다시 만나〉라는 곡이다.

>그대 내 생각이 눈처럼 나릴 때
>봄밤에 다시 만나
>오래된 거리가 그리움에 부풀 때
>봄밤에 다시 만나
>예전처럼

꺼내놓겠다고 마음먹자 심연에 가라앉아 있던 모든 곡이 수면 위로 떠올라 얼굴을 내비치는 것만 같았다. 생각보다 금방 멋지게 완성할 수 있을지도 모른다. 얼른 겨울로 발매 일정을 잡았다. 조금 바듯하긴 하지만 이제 '미래의 내가 알아서 하겠지' 전법에 기대보기로 했다. 앨범을 발매하면 통상 발매 공연도 함께 하는데 여기서 문제가 발생한다. 공연장을 대관하는 일은 계약서를 써야 하는 일. 공연일의 최소한 반년 전에 날짜를 결정한다. 요즘은 공연기획사들이 재빠른 대관 신청으로 날짜를 미리 선점하기 때문에 나같이 홀로 움직이는 뮤지션은 더더욱 어렵다. 앨범 발매는 12월 초로 잡아뒀는데 연말은 현존하는 가수들이 모두 공연하는 시기니까 대관은 이미 포화 상태일 터였다. 급하게 날짜를 추려보았으나 아주 난감했다. 그러니까 발매일, 앨범을 발매하는 바로 그날에 공연을 해야 하는 상황이 된 것이다. 이건 너무 무리수인데……. 불현듯 발매일에 신곡을 함께 듣고 부를 수 있다면 너무 좋을 것 같다는 무모한 생각이 겁도 없이 떠올랐다. 한번 밀려가볼까? '미래의 내가 하겠지'에 '에라 모르겠다'가 더해진 순간이었다. 아무래도 많은 걸 혼자 결정하고 준비해야 하는 가내수공업 독립예술인이다 보니 가끔은 '에라 모르겠다' 전법에 기대지 않으면 나아갈 수 없다고 스스로를 설득했다. 열심히 긍정 회로를 돌렸다. 사랑하는 이들과 〈봄밤에 다시 만나〉를 함께 부를 그날을 향해 달려가자고.

그리고 2022년 12월 4일. 세 번째 정규앨범 발매일이자 공연 당일인 그날, 나는 완전히 탈진했다. 밤새 공연과 발매 준비를 마무리하느라 며칠간 잠도 제대로 자지 못했고, 목소리까지 잘 나오지 않았다. 좋은 사람이란 '시간 여유'가 만드는 것임이 분명하다. 마지막 과정에 다다르자 한도 끝도 없이 예민한 인간이 되어, 주변 사람들을 괴롭히고 스스로를 궁지로 몰아넣는 괴로운 하루하루가 계속됐다. 공연과 발매일이 겹치니 천천히 설명하고 정성 들여 보여주고 싶던 콘텐츠들의 일정도 공지 게시물이나 티저

순서와 모조리 엉켜 온갖 압박을 받았다. 마치 벼랑을 향해 달리는 열차에 탄 기분이었다.

이 앨범의 노래들은 지금껏 만든 노래 중 가장 편안하고 고요하고 서정적이다. '무드, 선데이Mood, Sunday' 일요일의 햇살 같은 기분으로 만든 노래들이다. 나는 녹음하고 편곡으로 확장시키고 악기 소리를 하나하나 담아내는 과정들을 통해 노래의 운명, 일종의 영혼이 생긴다고 믿는다. 제주에 있는 스튜디오까지 원정을 가서 기사님과 멀리 밀려오는 바다를 보며 애써 믹스 작업을 했던 곡들이다. 그 영혼의 기질에 맞게 세상에 놓아주는 것도 앨범 발매의 중요한 과정인데, 이번에는 어떤 숙성의 과정을 건너뛴 것만 같았다. 이 평화로운 노래들을 전쟁 같은 마음으로 세상에 쏟아낸 것은 아닌지 두고두고 마음에 남았다. 한 곡 한 곡 매만지며 가졌던 진실한 마음이 그날의 관객, 청자들에게 충분히 전해졌을까.

3집 작업 기간은 나에게 큰 깨달음을 주었다. 이제 데드라인에 기대 모든 것을 진행하는 방식에는 빨간 줄을 긋기로 하자. 십 년 넘도록 같은 길을 걸어왔지만, 나는 여전히 이렇게 휩쓸리고, 흔들리고, 시행착오를

되풀이한다. 그럼에도 이 숨 가쁜 시간들을 완전히
후회하지 않는 것은 이 모든 게 그 앨범의 운명이라고 믿기
때문이다. 어떤 결기로든 앨범 작업이 시작되면 그때부터는
내 힘으로 흘러가는 것이 아니라 노래 자체가 스스로 가야
할 곳으로 흐른다고 믿기 때문에.

적절한 시기를 넘어서면 더 이상 꺼낼 수 없는 노래들이
있다. 머뭇거리지 않고 꺼내놓는 것이 중요한 이유다.
생각이 많아질수록, '일요일의 기분들'을 지나 내 삶이
원래의 리듬으로 돌아올수록, 그것들이 내 안에서 '오버쿡'
될수록, 이때의 마음은 까맣게 타버려 다음 앨범 무드에
맞는 자리를 찾기 어려울 것이다. 그랬기에 내 정신을 쏙
뺀 친구의 한마디가 나로 하여금 급박한 발매 기차 위로
올라타게 한 걸지도 모른다.

당장은 보이지 않는 것들이 있다. 자칫하면 영원히
세상에 나오지 못했을 노래들, 타이틀곡이 되지 못해
곁에 선 수록곡들. 완벽하지 않아서, 때를 놓쳐서, 스스로
미완이라고 여겨서 망설였던 순간들. 결국 그것들이 모여
내 삶의 빈틈을 메우는 모래처럼 존재한다는 사실이다.
그러니 다음에도 나는 망설이지 않고 꺼내고, 부르고,

내어놓아야 한다. 흘러가야 할 것들이 흐를 수 있도록.

다만 데드라인은 여유 있게…… 꺼내기로 해.

어느 봄밤의 증명들

일 분기가 지났는데 이렇다 할 성과가 없다. 시간에 쫓기며 부지런히 살았지만 완성된 결과물이 없으면 나는 아무것도 하지 않은 사람이 된다.

올해 말 새로운 EP앨범을 발매하고 싶다. 오래 아껴뒀던 데모를 연초부터 추리고 우선 두 곡의 가사를 작업 중이지만 아직 완성하지 못했다. 이 책을 쓰면서 두 번의 단독공연을 했다. 매일 많이 걷고 일주일에 두 번 러닝도 하고 소울댄스 학원도 등록했다. 한 번에 몸을 무리하게 써서인가. 내 안에 소울은 싹도 안 난 것 같은데 무릎이 시큰하여 그만두기 전문자격증이 슬슬 발동되려는 조짐이 보인다. 운동을 시작했다가 그만두는 일은 왜 이렇게 달콤한 걸까. 누군가는 가기 싫은 마음을 이기고 해냈을 때의 뿌듯함으로 운동한다는데 나는 왜 가야 할 곳에 안 갔을 때 자유의 참맛을 느끼는 인간인 걸까. 내 싹수의 색깔을 조용히 꺼내 확인해본다.

무언가에 집중하는 시간이 지나치게 짧아 걱정이다. 하루 종일 워드프로그램을 켜두고는 정작 작업을 시작하는 데까지 너무 오래 걸리는 것이다. 잠시 밀린 메일에 답변하거나 세금계산서를 발행하거나 소셜미디어 알림을 확인하러 들어갔다가 숏폼 콘텐츠나 인터넷을 뒤적이며 시간을 다 써버린다. 빈 문서를 마주하는 것이 두려워 새벽이 되어서야 인터넷을 힘겹게 빠져나온다. 한두 줄 끄적이고는 오늘 왜 그랬을까, 머리를 쥐어뜯다 끝내는 날도 많다.

삼십 대 후반의 프로가 이렇게 시시하게 하루를 보낸다는 사실이 믿기지 않는다. 나의 심연으로 끝없이 파고들어가 나를 마주하는 시간을 진득하게 견뎌야 하는데 요즘의 나는 그것을 두려워한다. 가사는 쉬운 말로 쓰고 싶은데 갈수록 어려운 노랫말이 써진다. 할 말이 단순하지 않은 걸까. 그럴싸하게 꾸며내는 일에 능해진 탓일까. '상승과

하강으로 명징하게 직조해낸 신랄하면서도 처연한' 영화평 스타일로 가사를 쓸 수는 없는데 말이다. 종일 가사를 작업해도 원하는 것이 나오지 않아 하루를 고스란히 날렸다. 끝없이 썼다 지웠다를 반복하다 가사도 아닌 한 문장이 남았다.

    찬란을 기대하지 않는 찬란.

또 약속을 잡고는 어쩐지 조금 후회를 했다. 나와 가까운 사람들은 외부 작업과 고정 스케줄로 대부분 바쁘다. 자신이 바쁘지 않다고 말하는 사람일수록 더 바쁘다는 데이터를 얻었다(친구가 없다고 말하는 사람일수록 친구가 많다는 데이터도 있다). 반면에 나는 실제로 시간이 많고 여유롭다. 대체로 열린 시간의 방에 혼자 앉아 있다. 심심해하기도 한다. 타인이 시간을 물어올 때 번번이 침범당하고 기꺼이 내어준다. 그러나 여유는 대부분 내 착각이다. 스케줄표에 적히지 않은 일들을 망각한 것일 뿐.

아무리 생각해도 내가 인디뮤지션으로 살면서 가장 힘든 점은 일정 관리다. 가수 프롬의 모든 일을 홀로 운영해야 하는 나는 프론트맨, 밴드마스터, A&R, 프로듀서, 사장,

매니저 역할을 다 해내야 한다. 창작과 일련의 음원 작업인 작곡, 작사, 편곡, 녹음, 믹스, 마스터링이 끝났다고 해서 할 일이 끝나는 게 아니다. 싱어송라이터 역할에만 심취해 곡을 만들고 감정을 다듬는 데만 열중하면 이내 꼬여버린 잡무의 벼랑으로 밀려 떨어지게 된다.

아트워크나 비주얼, 프로필, 디자인, 뮤직비디오, 발매 일정 잡기 등의 작업은 음악이 완성되어가는 동시에 풀가동되어야만 한다. 물론 나도 곡 작업을 모두 끝내놓고 이후에 천천히 나머지를 고민하고 싶다. 그게 늘 딜레마다. 미리 날짜를 잡아두면 끝없이 일정에 쫓기고, 작업을 먼저 끝내놓자 하면 세월아 네월아 완성이 안 되는 걸 어떡하나. 차라리 일정에 쫓기더라도 데드라인에 기대 마침표를 찍을 수 있는 방식을 선택하게 되는 것이다. 그러다 보니 마케팅까지는 생각도 못 하는 거겠지. 바보 같지만 발매까지의 과정에 이미 지쳐버려서 세상에 나오는 순간부터는 신의 뜻이야, 노래의 운명이야, 같은 안일한 생각에 기대게 되는 수순이다. 프로모션이 최우선인 세상을 살기에 나는 요령이 많이 떨어진다.

곡을 계속 매만지면서 선공개 곡 발매를 6월로 예상하고 있었는데, 다른 뮤지션 친구들의 이야기를 들어보니 벌써 유통사들의 6월 발매 일정이 거의 꽉 찼단다. 쒯, 이다.

새로 만들고 있는 음악을 저장하는 폴더의 이름은 Q.E.D다(라틴어 'Quod Erat Demonstrandum'의 약자로, 수학적 증명을 끝낼 때 쓰는 말). '이것이야말로 내가 증명하려는 바다' '그렇게 되었다'의 의미로 쓴다. 수학 용어를 우연히 살펴보다가 알게 된 것인데 어쩐지 내가 살아가는 행위에 이름을 붙이고 싶다는 생각이 들었다. 내가 무엇을 증명하면서 살 수 있을까. '그렇게 되었다'의 의미에 더 기운다. 앨범의 가제로 둔다. 아트워크로는 선도 형태도 불분명한 뿌옇고 몽환적이고 아련한 사진을 떠올린다. 뭐든 그냥 그렇게 되고 마는 꿈처럼.

최근 동료들의 앨범이 발매되었다. 딱히 친분이 없어도 마음속으로 정말 수고 많았다고 진심으로 외친다. 한 땀 한 땀 얼마나 정성을 들였을지 트랙리스트와 재킷 사진만 봐도 알 수 있다. 대부분은 모르고 그냥 넘겨버리는 앨범 크레디트를 찾아 읽는다. 그간 쌓인 치열했던 시간들을 수놓은 듯 세세히 박힌 작은 글씨 위로 열기가 느껴지는 것만 같다. 신곡이라는 게 의미가 없어진 요즘이라 조금 쓸쓸하지만, 대형 팬덤이 있는 가수들이 아니면 대부분 마찬가지일 거다. 언제부턴가 그걸 감안해도 앨범 반응이 너무 미미하면 그가 느낄 좌절감이 내 것인 것마냥 조금 우울해진다.

갈수록 피드백을 받을 곳이 적으니 목이 마르다. 통용되는 용어는 아니겠지만 우리 사이에는 '발매 우울'이라는 것도 있다. 짧으면 반년, 최소 일이 년 이상 작업한 앨범을 발매하는데 운이 좋으면 음원사이트 메인에 약 반나절 정도 걸려 있다가 사라진다. 요즘은 최신곡이라고 해도 잘 팔리지 않거나, 에디터의 선택을 받지 못하면 아예 노출 자체가 안 되는 플랫폼이 많아졌다. 댓글 기능이 있는 음원사이트도 많지 않다. 그나마도 의견이 달리는 개수가 예전에 비해 현저히 적다.

열성을 다해 발매 직전까지 밤을 새고 진땀을 흘리며 완성해낸 작업물이 발매되는 순간 블랙홀 속으로 사라지는 듯한 기분을, 내가 만들어낸 작은 세계가 소리 소문 없이 멸망하는 듯한 기분을 적막하게 마주한다. 별다른 피드백도 없이 벼락처럼 몰아치던 일들이 한순간 사라지고 허탈해지는 것이다. 그 공허함으로 마음이 가득 차 며칠간 우울에 빠진다. 하지만 어쩔 수 없다. 발매 우울을 탈탈 털고 그다음 작업으로 나아가는 수밖에. 발매되면 이제 내 앨범은 내 것이 아니라 듣는 자의 것이다.

다가올 발매를 생각하며 침을 꿀꺽 삼켰다. 모래 속에 모두 묻히는 것은 똑같은데 그중에 힘이 있는 것들은 알아서 밖으로 튀어나오기도 하니까. 그때를 기다리는 것이 요즘 뮤지션들의 자세다. 그냥 다 각자 자신의 길이 있다고 믿기에 조용히 응원을 보내는 밤. 그렇게 잠시 움츠러들었다가 다시 내 작업을 한다. 머릿속이 복잡할 때는 내가 할 수 있는 것을 하자고 다짐한다. 지금 내 세상이 무엇인지 계속 노래하는 수밖에 없다고. 나는 음악을 만들고 세상 밖으로 내보내는 이 과정을 너무 사랑하니까. 한때 모든 발매 글마다 달리던 유명한 멜론 댓글, "피 토하는 음악. 비정한 세상" 속에서도 멈출 수가 없다.

매일 파도에 떠밀리듯 하루하루가 밀려가고 밀려온다. 하루가 왜 이렇게 짧은지 매달 붙여놓는 스케줄표가 벌써 네 장째 교체됐단 사실이 믿기지 않는다. 창밖은 봄이다. 얼마 전 여의도 봄꽃 축제에서 노래를 했다. 날씨가 추워

벚꽃은 제대로 피지도 못했음에도 들뜬 기분만큼은 느껴지던 봄. 쌀쌀하던 공기가 며칠 새 밀려나자 벚꽃은 그제야 완전히 만개했다. 봄꽃이 피면 설레는 사람들이 우르르 거리로 쏟아져 나온다. 바닥으로부터 한 뼘쯤은 발이 떠 있는 것만 같다. 나도 그중 하나다. 오늘의 연남동 골목은 인산인해였다. 햇빛을 맞으며 벚꽃길을 거니는 사람들은 하나같이 벚꽃 같은 얼굴이다. 스쳐 가며 그 얼굴을 마주하는 것만으로 봄 냄새가 난다. 봄 날씨만큼은 정말 아껴서 소중하게 잘 쓰고 싶은데 프림이가 갑작스레 디스크 증상을 보여 병원을 다니고 있다. 좋아하던 산책도 맘껏 하질 못한다. 짧은 코스를 걷는데 주저앉는 프림이를 안고 조금 울었다. 돌아오자마자 밥을 더 내어놓으라고 소리치는 프림이를 보고 울다가 웃었다. 이 글을 쓰는 동안 곁에서 핫팩을 등에 올린 채 프림이가 자고 있다. 이 좋은 계절에.

"사는 게 뭘까? 프림아." 말을 걸어본다. 사는 게 뭔지, 라는 말을 작년부터 가장 많이 했다. 사는 게 뭘까. 사는 게 뭔지 알 수 없어서 오늘도 봄 길을 걷고 울면서 달리고 밤이 되어가는 창가에서 소울댄스를 췄다.

불법   싱어송라이터

세션 밴드와의 합주는 늘 점심 무렵 시작된다. 졸린 눈을 비비며 기타를 잡고 연주를 시작했는데, 첫 곡부터 불협화음이 났다. 오잉, 하며 다들 베이스를 쳐다봤는데 사실 내가 틀린 것이었다. 베이스 정현이가 억울해하며 너털웃음을 지었다. 오늘 세트리스트에는 오랜만에 하는 곡들이 많아서 대략적인 코드를 체크해두고 왔는데 첫 곡의 키를 바꾸기로 했다는 걸 깜빡한 것이다. 나는 F와 F# 코드의 느낌을 그냥 들어서는 잘 구분해낼 수 없기 때문에 합의된 키로 돌아가는 동안에도 잠깐의 연산이 필요하다. "카포 빼!" 멤버의 외침에 나는 얼른 기타에서 카포를 뺐다. 합주가 재개되고 자연스레 노래를 시작했다. 이런 순간에 난 여전히 초보 같구나 싶어 자괴감이 스르르 올라오려다

이내 멈춘다. 그래도 이제 이 정도의 부족함은 나를 아주 괴롭히지는 못한다.

함께하는 세션 멤버들은 대부분 음악 전공자들이거나 이미 오래전부터 프로 밴드 생활을 해온 사람들이다. 절대음감을 가진 사람들도 드물지 않게 본다. 합주 때마다 이론이나 정석적 음악 기초가 전혀 없는 내가 이들을 이끌어 가야 하는 아이러니한 상황에 놓인다. 처음에는 이들이 쓰는 용어조차 잘 알아듣지 못해 주눅이 들고 내 부족함에 의기소침해지기도 했지만, 이제는 서로가 가진 재능이 다른 것임을 받아들이며 감사한 마음으로 멤버들의 도움을 받는다.

한때는 그런 연유로 내가 불법적인 사람 같았다. 내가 상상한 이상적인 뮤지션의 기준에 스스로 부합하지 않으니 남들이 아무리 괜찮다고 해도 나는 나를 도무지 낙관적으로 바라볼 수가 없었다. 지망생 시절에는 내가 안 되는 이유를 잔뜩 찾아놓고 그걸 타인에게 설득시키며 꿈 뒤에 자주 숨었었다. 아무리 생각해도 나는 뮤지션이 될 만한 재목은 아니라는 게 당시 스스로 내린 결론이었다. 배우지 않아도 자연스럽게 손끝에서 새로운 길이 열리는 듯한 느낌, 내가 갈 길을 본능적으로 아는 확신, 스스로의 한계를 넘어서 빛처럼 뻗어나가는 감각, 이런 게 재능이라면 음악에 있어서 나는 그렇지 않았으니까.

음악으로 한 걸음씩 내디딜 때마다 바다 한가운데 홀로 떠 있는 것 같은 막막함이 엄습했다. 음악은 내가 잘할 수 있는 것이 아니라 잘하고 싶은 것이었다. 그래서 그 갈증은 오히려 더 애타게 느껴졌다. 음악을 짝사랑하는 마음은 너무 해묵은 감정이어서 이렇게 곡을 혼자 모으다 보면 언젠가는 앨범 하나쯤 낼 수 있지 않을까, 하는 마음으로 음악의 주변만 겉돌았다. 막연하게 음악 하는 사람이 될 가능성에 갇힌 채 가능태로 사는 것이 오히려 마음 편했다고 할까. 그저 아는 코드 몇 개로 노래를 만들고 혼자 들었다. 그러던 어느 날, 여러 명이 함께라 잘 못해도 괜찮으니 코러스를 도와줄 수 있느냐는 지인의 부탁을 받고 코러스 녹음에 참여한 적이 있다. 알바비를 두둑이 준다는 말에 살짝 혹한 것도 사실이었다.

막상 녹음을 시작하니 걱정하던 문제들은 대부분 다른 이들이 알아서 해결해주었다. 코러스 라인을 짜는 일이나 음감이 필요한 부분은 그들이 리드했고, 목소리가 잘 나오지 않거나 틀리면 그냥 몇 번이고 다시 녹음하면 되는 간단한 일이었다. '엥? 이거 별거 아니잖아.' 내가 스스로 만들어놓은 견고한 벽이 시시하게 무너지는 순간이었다. 나는 그 자리에서 에이스로 떠올랐다. 다들 프로가 아니었기에 내가 거의 메인 역할을 해냈고, 고맙다는 뜨거운 눈빛과 함께 알바비까지 살뜰하게 챙겨 돌아왔다. 그날 스튜디오를 나서는데, 스튜디오 사장과 프로듀서가 명함을 내밀며 함께 음반을 만들어보자는 제안까지 했더랬다(물론 도망갔다).

한참 뒤 데뷔를 하고도 때때로 그런 불안감에 시달렸다. 2집 앨범에 〈달밤댄싱〉이라는 곡이 있다. 피아노 연습을 해보겠다고 앉았다가 F 코드를 쪼개서 반복 루프를 하나 만들고 멜로디를 얹으며 놀다가 만든 곡이다. 만들면서 피치카토 주법으로 시작하면 어떨까, 하는 편곡 아이디어까지 마구 넘쳤고 이후 내 음악을 누구보다 깊이 이해하는 편곡자 앤디와 원하는 느낌으로 완성해낼 수 있었다. 아이러니하게도 정작 노래를 스케치하던 그날의 나는 또 피아노 연습이 잘 되지 않았다고 은근히 좌절했던 기억이 난다.

이후 이 곡은 한국대중음악상에서 올해의 팝 노래 부문에, 이 곡이 실린 앨범은 올해의 팝 앨범에 노미네이트되었다. 기분이 날아갈 듯 좋으면서도 어딘가 뜨끔했다. 피아노도 제대로 못 치는 내가 몇 개의 음으로 만든 음악이 전문가들 사이에서 좋은 평가를 받다니, 이래도 되는 걸까? 나는 불법적 싱어송라이터 아닌가, 하는 죄책감이 들었다. 내 실체를 모두가 알게 된다면 실망해 떠나갈 것만 같다는 두려움도 함께였다. 언젠가 여러 유명 밴드를 거쳐 끝내 악기 덕후로 사는 링고샵 사장 호진에게 그런 마음을 털어놓았더니 이런 답이 돌아왔다. "우리 같은 사람들은 너처럼 코드 세 개로 노래 못 만들어. 그게 재능인 거야."

그때는 장난 같은 말이라 생각했는데 한참이 지난 후에야 어렴풋이 이해할 수 있었다. 많은 걸 알수록 단순해지기가 그만큼 어렵다는 뜻이었으리라. 단순한 코드 위에서 멜로디를 만들어내는 능력, 순간을 포착해 표현하는 감각, 그리고 음악을 어떤 이미지로 느끼는 방식. 그것이 내가 십 년 넘게 음악을 하며 살 수 있게 해준 음악적 재능이자 나만의 색깔이었을 것이다.

시간이 지나고 보니 생각보다 많은 싱어송라이터나

밴드 프론트맨들이 비전공자다. 배우지 않았고 이론도 부족했지만, 오히려 그런 부족함이 그들의 남다른 개성을 만들어낸다. 악기를 잘 다루는 재능과 음악을 만들어내는 재능은 겹치기도 하지만 완전히 다른 영역이기도 하다. 창의성은 음악적 기초 역량과 반드시 비례하지는 않는다는 얘기다. 창작이란 그냥 내가 가진 것 안에서 나만의 방식으로 무언가 조립해보는 것만으로도 충분히 해볼만 한 일이다. 그러다 보니 내가 모자란 부분이 나를 끊임없이 움직이게 만들기도 한다. 어떤 장면이 떠오르는 코드 몇 개로 어떻게든 한 곡을 완성해보려 애쓰고, 앨범을 만들 때는 익숙한 매뉴얼보다는 감각적으로 내 귀에 좋은 소리들을 추려내는 데 더 집중한다. 내가 발매한 곡들은 장르나 무드가 꽤나 다양한 가지로 뻗어 있는데 그 이유도 어쩌면 내게 '근본' 같은 게 없기 때문일 거다. 얽매일 이론이 없으니 그때그때 내가 할 수 있는 새로운 것들을 시도하는 데 그다지 주저할 이유도 없다.

음악은 밑그림을 그리고 이야기를 만들 수만 있다면 충분히 현실로 끌어올 수 있는 세계다. 모든 색깔의 물감을 내가 직접 만들어 쓰지 않아도 괜찮다. 물론 물감의 색 배합까지 스스로 해내는 장인이 되고 싶다는 이상은 여전히 존재하지만, 내가 그런 장르의 사람이 아닌 걸 받아들여야지 어떡하겠나. 주위를 둘러보면 생각보다 훨씬 더 가까이에 놀라운 색깔을 가진 페인터들이 많다. 그들은 내가 준비한 밑그림 위에 자신의 색깔을 더해 완벽한 그림을 완성하도록 기꺼이 도와준다. 나는 그들과 함께 그림 작업을 지휘하고, 하나의 작품으로 완성해나간다. 이 조화로운 작업 과정은 음악을 하면서 가장 희열을 느끼는 순간들이다. 내가 뛰어나지 않은 덕분에 내 음악은 늘 조금 더 아름답게 완성되었을지도 모른다.

며칠 전 동료 뮤지션 김사월과 점심을 먹었다. 아주 오랜만에 만나는 자리였는데 그만큼이나 많은 이야기들을 단번에 풀어내느라 화두가 이리저리 튀었다. 그 와중에 내가 불법 싱어송라이터인 것 같다는 말을 꺼냈더니 김사월도 까르르 웃으며 자기도 불법 싱어송라이터가 맞는 것 같다고 했다. 매일 음악으로 번듯한 건물을 올리는 듯 보이지만 알고 보면 다 골판지고 종이박스라고. 언제든 누군가 호루라기를 불면 와장창 뼈대까지 밀어내고 다른 곳에 새로 짓기를 반복하는 사람이라고. 우린 이렇게 매일 불법 건축물을 올리며 살고 있었나 보다. 음악 잘하는 김사월도 본인을 불법 싱어송라이터라고 하다니 앞뒤가 안 맞아 조금 져줘야 하는 기분이지만. 일단 프롬이랑 김사월은 불법의 기분으로 십 년이나 음악을 해먹은 것이다. 세상에 많은 것이 이렇게 불법적인 마음으로 흘러간다는 걸 알아주길. 오늘 당신에게 남은 불량하고 불법적인 마음 조각 몇 개로 뭐라도 조립해보기를 바라며.

좋아하는 것을 좋아하세요?

도통 무언가에 푹 빠지거나 끈기 있게 견디는 걸 잘 못한다. 사람들은 흔히 인내를 노력만 하면 누구나 갖출 수 있는 기본 덕목처럼 이야기하지만, 나는 그렇게 생각하지 않는다. 인내와 끈기는 훈련으로 획득할 수 있는 것이 아니라, 타고난 기질이자 재능에 가까운 그 무엇이다. 누군가에게는 자연스럽게 발현되는 성질이지만, 또 누군가에게는 선천적으로 결핍된 영역일 수 있다. 비참하지만 이건 바로 내가 스스로를 오랫동안 연구해온 결과다. 엣헴.

그런 내가 음악에 싫증 내지 않는 것이 가끔 기적처럼 느껴진다. 곰곰이 생각해보면, 음악이란 늘 변화하고 끝내 완전히 도달할 수 없는 미지의 영역처럼 느껴지기 때문인지도 모르겠다. 무대에 오를 때나 작업에 빠지는 순간들이 내 인생에서 몰입과 카타르시스를 맛볼 수 있는 거의 유일한 경로인 탓도 있다. 하지만 여전히 악기 하나 다루는 것도 변변찮다는 점에서 내 끈기는 보잘것없다. 피아노와 기타를 제대로 배워보려고 학원을 다녀본 적도 있었는데 코드 연습만 하면 세 번 이상 못 치고 집중력을 잃고 말았다. 단 한 번만 같은 걸 반복해도 머리에 빨간 사이렌이 울리며 그야말로 좀이 쑤신다. 그마저도 더듬더듬 치면서 나는 거기에 자꾸 멜로디를 붙이고 앉아 있다. 반복 학습에 필요한 집중력이 일이 분 수준을 벗어나지 못하는 것이다. 햐, 이것 봐라. 아주 변명뿐인 사람이구나, 하겠지만 너무 한심해하지는 말라. 스스로 내 싹수가 노랗다는 걸 아는 것은 괴로운 일이니까.

내가 이미 뮤지션이라는 걸 아는 음악 선생님은 자꾸 연습은 안 하고 멜로디와 가사까지 붙이며 놀고 있자 이렇게 말했다.
"지금 코드나 화성학을 연습하는 이유는 결국 그 위에 멜로디를 얹고 작곡을 하려는 거잖아요. 유진씨는 코드가 익숙하지 않아도 멜로디를 얹을 수 있는 사람이니까 그냥 계속 그렇게 하시는 게 어때요? 필요할 때는 전문 세션을 쓰시고요."
사실상 선생님은 내 게으름과 요행에 진절머리가 나서 학사경고 처분을 내린 것이다.
"아니에요, 선생님! 다시 제대로 연습하겠습니다!"
이렇게 바짓가랑이라도 잡고 외쳤어야 했는데 뭔가 머쓱하여 슬그머니 그만뒀다. 그러고는 집에 돌아와 자괴감을 껴안고 나는 왜 이럴까, 반복에 지치지 않고 불안을 연습으로 대체하며 온몸으로 타오르는 사람은 대체 무슨 복을 타고난 걸까! 흐엉! 하며 눈물 날 것만 같은 기분이 되는 것이다.

나는 단순히 행동을 지속하는 것뿐 아니라, 감정을 오래 유지하는 일도 어려워했다. 한때는 '좋아한다'는 말조차 확신을 갖고 하기가 힘들었다. 쉽게 싫증을 내고 금세 새로운 것에 마음이 쏠리는 사람이니까. 부풀었다가도 언제 사그라들지 모르는 마음의 소유자인데다 어디까지가 좋아함의 영역인지를 끊임없이 고민하는 나로서는, 말로 내뱉는 순간 내 애정에 책임을 져야 한다는 부담이 늘 크게 느껴졌다.

수영을 시작했을 땐 수영이 너무 좋았다. 친구들에게 수영의 기쁨을 여기저기 설파했다. 물속이 얼마나 자유로운지 아느냐고. 스트레스가 한 번에 풀리는 그 기분 너도 맛봐야 한다고, 수영은 생존에도 꼭 필요하니까 게으름 피우지 말고 당장 내일부터 시작하는 게 어떠냐고.
"오, 엄청 재밌나 보네. 수영한 지 얼마나 됐어? 접영 같은 것도 해?" 친구가 물었다.
"……지난주에 시작했어, 이제 패드 들고 물장구쳐."

나는 설레발형 인간이다. 한 번의 강습으로 이만큼이나 거들먹거렸다. 수영의 기쁨을 온 동네 설파하고는 두 번째 강습에 나갔다가 혼자 '사점死點'을 경험했다며 두 번 다시 수영 강습에 가지 않은 사람이다. 내 말을 듣고 수영을 시작한 친구가 어느새 물개가 되었을 때 나는 까마득한 수영의 추억을 떠올리며 잠시 할 말을 잃었다.

또 한 번은 애니메이션 〈쿵푸팬더〉 시리즈 첫 편이 개봉했을 때였다. 나는 쿵푸팬더에 완전히 빠져버렸다. 스토리도 스토리지만 판다의 움직임과 귀여운 몸짓, 캐릭터들의 표현 방식이 너무 좋아서 눈물을 흘리면서

봤다. 그날부터 쿵푸팬더 인형을 사들이고 온통 쿵푸팬더 얘기만 해댔다. 사진을 모으고, 키링을 달고 다니고, 쿵푸팬더 흉내를 내며 스토리를 재연하고, 아기 판다 분유 먹이는 체험을 하러 청두 판다연구기지에 가겠다는 둥 떠들어댔다. 그리고 두 달 후 생일에 판다 선물만 잔뜩 들어왔을 때는 이미 마음이 짜게 식은 후라 난감한 사람. 나는 한번 끓으면 동네방네 소문이 나도록 끓고, 소문보다 더 빠르게 식는 사람이었다.

내가 꽤 변덕스러운 사람이라는 것을 알고 난 뒤부터는 좋아하는 것을 시즌제 팝업처럼 취급하기로 마음먹었다. 무언가가 좋아지면 소문을 내기 전에 일정한 시간 간격을 두고 그 감정의 지속을 지켜보는 것이다. 예를 들어 애니메이션 〈드래곤 길들이기〉를 보고 나온 직후에 투슬리스 캐릭터에 빠져 귀여움을 참지 못하고 피규어를 사면서부터 투슬리스 시즌이 개막된다. 너무 좋아서 며칠 앓다가 그 후엔 언제 그랬냐는 듯 이 피규어를 어디에 넣어둘지 고민하며 크기가 맞을 만한 박스에 요리조리 퍽퍽 넣어보고 있는 나를 발견한다. 식은 것이다. 투슬리스에 대한 마음이 되돌아오지 않으면, 조용히 시즌은 종료된다. 아무도 내가 한때 투슬리스에

열광했다는 걸 모르게 말끔히 마무리할 수 있다. 이렇게 한 시즌이 열성적으로 흥하다가 급격히 종료되고, 한때 사랑했다 정도의 추억으로 영원히 바이바이 하는 경우가 대부분이다. 계속해서 재도약하고 다시 열리는 시즌은 '좋아하는 것 리스트'에 정규 편성되어 자신 있게 좋아한다고 소개할 수 있게 되는 것이고. 그렇게 정규 편성된 캐릭터로는 애니메이션 〈토이 스토리〉의 알린이 있다(마음이 멀어지려 할 때마다 무려 4편까지 계속 주입해주었기 때문인가).

나는 늘 끈기 있고 집요하게 몰두하는 사람들을 훔쳐보아왔는데. 나와는 다르게 오랜 시간 변함없이 한 취향을 깊이 탐구하는 이들도 관찰 대상이다. 특히 어떤 것을 꾸준히 좋아하는 사람들은 그 취향 덕분에 더 명확한 색을 띠게 된다. 그들이 좋아하는 것과 닮아가며, 그 매개를 통해 당사자를 더욱 선명하게 떠올릴 수 있다는 점이 재미있다. 그 사람을 떠올릴 때 어떤 색상 한 방울이 톡, 하고 입히는 느낌.

여행지에서 서점에 들르면 꼭 프리다 칼로의 책을 한 권씩 산다. 프리다 칼로를 좋아하는 김물길 작가를 위한 것이다. 세계 각국의 서점에서 볼 수 있는 프리다 칼로의 책들은 저마다 다른 모습이었다. 표지 디자인도, 판형도, 수록 작품도 다르다. 덕분에 나와 전혀 인연이 없던 미술가 코너를 서성이고 신중히 더듬어보며 특별해 보이는 책 한 권을 기어코 사서 한국으로 돌아온다.

길을 걷다가 부엉이 모양을 보거나 티브이에 부엉이가 나오면 안희연 시인을 떠올린다. 안희연 시인의 산문집 《당신이 좋아지면, 밤이 깊어지면》을 너무 좋아해서 북토크까지 다녀왔다. 맨 앞줄에 앉아 희연 시인을 열심히 쳐다보고 목소리도 들었다(생각해보면 엄청 부담스러우셨을 것 같다). 북토크가 있던 날 선물하고 싶어서 이딸라의 큰 부엉이 접시를 구매했다가 하루 늦게 배송되는 바람에 아직도 내가 가지고 있다. 이사하는 동안 주인을 대신해 부엉이 한 마리를 잠시 맡고 있는 기분이었다. 희연 시인의 인스타 피드에도 종종 올라오는 부엉이 소품들을 보면서 자꾸 포장지 속에 갑갑하게 갇혀 있는 부엉이가 짠해지고 마음이 급해진다. 조금만 참아! 이제 곧 부엉 대부족을 만날 수 있을 거야. 속으로 다독인다.

친언니 유만녀는 비누를 좋아한다. 고급 비누뿐 아니라

좋은 향기가 나는 비누는 다 좋아한다. 언젠가 어떤 비누가 가지고 싶냐고 물은 적이 있다. 유행하던 조말론이나 산타마리아노벨라 같은 유명 브랜드가 나올 줄 알았는데 알뜨랑 비누를 매일 씹어먹고 싶은 충동에 시달린다며 해맑게 웃었다. 비누를 씹고 싶다고 말하는 표정마저 빛나는 것을 보니 이건 진심이구나 싶었고, 비누를 좋아하는 건 뭔가 유만녀다웠고, 과연 단순하고 가성비 좋은 취향이라서 꽤 근사하다고 생각했다.

유만녀의 생일에는 꼭 선물과 함께 새 비누를 넣는다. 그 덕분에 나도 가끔 손을 씻을 때마다 비누가 주는 향긋한 안심에 대해 생각한다. 손 씻는 행위에 새로운 자각이 생긴 것이다. 거품과 향기가 주는 안정감 같은 것. 전에는 무심코 지나쳤던 것이다. 이렇게 누군가의 오랜 취향으로 파생된 의식을 따라 하면서 내 삶에서 익숙하고 의미 없던 것들이 하나의 이야기로 엮인다. 그러다 보니 종종 그런 생각을 한다. 오랫동안 한마음으로 쓰다듬어온 애정 어린 것 하나쯤은 가지고 싶다는 생각. 매번 좋아하는 게 시즌 팝업처럼 열렸다가 닫히는 나를 생각하면 무엇을 떠올릴 수 있을까? 시무룩해진다.

도쿄 시부야에서 분홍빛 립밤을 보며 얼굴이 하얀 장유를 떠올렸다가 레코드가게에서 에코백에 그려진 토마토의 표정을 보고 "이거 강아솔이랑 똑같다!" 외치며 덥석 집어 들던 날, 불현듯 깨달았다. 나는 반드시 특정 물건을 통해서만 누군가를 떠올리지는 않는구나.

어떤 존재는 살며시 스며들고 불쑥 떠오른다. 마치 계절이 바뀌면 자연스럽게 생각나는 풍경처럼. 누군가 나를 그렇게 풍경처럼 생각해준 순간들을 떠올린다. 여름 첫 수박을 선물해주던 진희. 직접 만든 옷을 입혀주고 초당옥수수를 처음 맛보게 해주었던 장유. 새벽부터 일어나 내가 좋아하는 토마토 마리네이드를 잔뜩 만들어 놀러 오는 슬기. 남들에게는 최고의 것만 주라고 배웠다며 오래 고른 생일 선물을 건네는 아솔. 맛있는 디저트 가게에 가면 종류별로 사진을 다 찍어 보내고는 먹고 싶은 거 고르면 사 가겠다는 메시지를 남겨놓는 찬이. 내가 비록 하나의 취향으로 나를 오래도록 키워오진 못했지만 누군가가 좋은 것을 보고 나를 떠올려준다는 사실만으로 모든 게 충분해졌다.

팬들이 공연을 기다리며 엽서를 고르고 정성스레

손글씨를 적어 내게 전하는 마음도 그렇다. 그들이 건넨 작은 인형이나 디저트 그리고 "언니 닮았어요" "언니가 꼭 먹어봤으면 좋겠어요"라고 쓴 손글씨 메모, 좋아하는 책의 한 구절을 적어 보내는 손길. 그것들은 단순한 선물이 아니라, 좋아하는 것을 공유하고 싶어 하는 뜨거운 마음이다. 나를 생각한다는 말을 오래오래 읽는 기분은 참 다정하고 묘하다. 피로와 안심이 겹친 나의 밤에 느끼는 감사와 안도의 의식 같은 것이다.

정작 무언가를 꾸준히 좋아하는 일에 서툰 내가, 오래도록 나를 좋아해주는 이들에게 구원받는다. 내 인생에서 유일하게 끈기 있게 지속해온 음악 덕분에. 모두에게 인내심을 가지고 나를 좋아하는 것을 계속 좋아해달라고 외치고 싶어지는 밤이다.

장마의   시작

이따 저녁 맛있는 거 먹으러 갈래? 찬이가 쏜다!
오! 굿굿.

사실은 그다지 입맛도, 먹고 싶은 것도 없었지만 신난
얼굴의 이모티콘을 날렸다. 작업실로 출근한 찬이가
내 기분을 알아채고 저녁 외식을 급제안한 것일 테니.
창밖으로 비가 주룩주룩 내린다. 이제 장마의 시작이다.
예전에 가보고 너무 맛있어서 조만간 다시 오자고 했던
솥밥집을 급히 예약했다. 이럴 땐 가까운 곳에 맛있는
식당이 있다는 것이 큰 위안이 된다.

약속 시간에 맞춰 집을 나섰다. 혹시 젖을까 싶어 이어폰도

두고 조리샌들을 신고 우산을 들었다. 문득 우산을 들고 이렇게 걸어보는 게 얼마 만인가 싶다. 비가 오면 집으로, 차로, 쇼핑몰로 어떻게든 실내로 도망쳤으니까. 음악도 없이 빗소리를 들으며 집에서 이십 분 거리의 식당으로 걷는다. 그러고 보니 오랜만에 꺼내 신은 검은색 조리샌들은 베트남 여행에서 물놀이 때 신고 난 후 점점 작아져 이상함을 느꼈었다. 물이 닿으면 쪼그라드는 재질로 만든 걸까. 안 그래도 비 오는 거리를 걷는 동안 발이 신발을 넘치고 있다. 쳇, 하고 걸음의 속도를 늦추면서도 지금 이 기분이 불쾌하지만은 않다.

비가 오는데, 발이 젖고 있는데, 샌들 속에 돌멩이들이 툭툭 끼어들어도 오랜만에 빗속을 걸어서인지 그마저도 신선한 감각으로 느껴진다. 자꾸만 뺨으로 튀어드는 물방울, 톡 토독 귀 주변에 흩어지는 빗소리, 먼지 피어오르는 땅 냄새, 어디선가 옅게 꽃향기도 섞여든다. 그사이 끈덕지게 질겨진 요즘 내 하루가 빗물에 닿은 종이처럼 연해지는 것을 느낀다. 이래서 사람은 가끔 안 하던 짓을 하고 살아야 하는 법이다.

식당에 도착해 메뉴판 위에서 눈을 굴리고 있을 때쯤

찬이도 도착했다. 제철회 세비체와 참치김밥과 고등어솥밥을 주문하고 유자하이볼도 한 잔씩 시켰다. 캬, 맛있다. 달달한 하이볼을 좋아하는 나는 진로토닉으로 하이볼을 만드느냐 캐나다 드라이로 하이볼을 만드느냐가 중요한데 한때 집에서 한참 자주 만들어 먹은 진로토닉에는 좀 질린 터였다. 여기 하이볼은 진짜 맛있다! 이건 진로도 캐나다도 아니야, 베이스가 뭘까, 하며 제조 과정을 매의 눈으로 지켜봤는데 진로토닉이다. 역시 익숙한 것에 속아 넘어가기 더 쉬운 법.

메뉴가 하나둘 차려진다. 한 입 한 입 아주 맛있다. 즉각적인 만족감이 돈다. 잠시 혀끝에 머물던 만족감이 머릿속까지 파고들자 이내 숨통이 좀 트이는 기분이 된다. 맛있는 것이 주는 치유의 회로는, 머릿속의 소음을 잠재우고 '지금'을 선명하게 만드는 방식으로 작동한다. 그래도 생각해보면 감사할 일이 참 많다고 문득 찬이가 운을 띄운다. 그렇지. 나도 단독공연만 아니면 지금 진짜 행복할 텐데! 찬이가 조금 웃는다.

올해 여름은 유난히 바빴다. 프리랜서 예술가에게 바쁨이란 높은 확률로 수익이 따른다는 뜻이고, 그것이

곧 행복으로 이어지기도 한다. 하지만 그건 동시에
해야 할 일이 산더미처럼 쌓여 눈코 뜰 새 없이 하루가
우당탕 흘러간다는 뜻이기도 하다. 올해는 내내 머릿속이
요동쳤다. "아! 맞다! 오늘은 이거 해야 하는데!" 아 맞다!
아 맞다! 이름을 아 맞다 리로 개명해야 할 정도로 하루
종일 느낌표가 폭풍처럼 몰아쳤다. 그중에서도 나를
가장 지치게 하는 것은 선택과 결정이다. 완벽한 선택은
없다고들 하지만 가끔 어떤 문제는 정답이 정해진 오엑스
게임일 때도 있으니까. 경험상 휩쓸리듯 시간에 쫓겨 내린
결정들은 눈물의 후폭풍이 되어 돌아온다. 선택의 결과는
늘 뒤늦게 선명해지고, 그제야 더 나은 길이 있었음을
깨닫게 된다. 경제적 손해도, 수습에 드는 품도 온전히 내
몫이다. 그러니 선택은 갈수록 신중해지고, 그 무게는 점점
더 커진다.

이번에도 그 선택 때문에 이렇게 후회의 하이볼을
들이켜고 있다. 어쩌자고 나는 이틀 연속 공연을
수락해버린 걸까. 그날로 되돌아가서 공연을 하루만 열
수 있다면! 시기와 흐름을 알고, 나의 그릇을 알고 적당한
선에서 멈췄어야 했는데 결국 휩쓸려 여기까지 와버렸다.
나도 나지만 요즘 공연 업계는 비상이다. 티켓 판매 부진에

모두가 난리다. 물가가 치솟으면서 공연 제작비도 오르고 티켓 값도 덩달아 오르면서 부담이 관객들에게까지 밀려간다. 나도 체감할 정도인데 관객들은 오죽할까. 공연계에도 부익부빈익빈 시대가 도래했다고 주변 사람들의 우는소리를 들어왔던 터였다.

애초에 여름 공연을 한다면 소박하고 정다운 분위기로 하고 싶었다. 햇살이 스며드는 공간, 완전한 공연장의 모습이 아닌 자연스러운 곳에서. 올해는 크고 작은 무대가 쉴 새 없이 이어지고 있는데 극장 단독공연까지 더한다는 것은 아무래도 성급하게 느껴졌던 것이다. 그 와중에 내 공연 규모에 비해 큰 공연장을 추진하는 기획팀과 계속 의견 조율이 안 되었다. 꽤 오랜 시간 서로 팽팽하게 맞서다 결국 내가 양보를 한 터였는데…….

양도 얼마 안 되는 만천 원짜리 하이볼을 후회와 맞바꿔 다시 장렬하게 들이킨다. 후회의 값이 더 저렴했다면 몇 잔이고 더 마셨을 것이다. 빗소리가 점점 거세진다. 조금씩 나오는 전채 요리 스타일의 음식 너덧 개를 뚝딱 해치웠다. 택시를 타고 온 찬이는 우산이 없고 우리는 책을 사고 받은 조그만 우산 아래 둘의 어깨를 밀어 넣었다.

이번 공연 제목은 햇살을 받으며 숲속 공연장에서 하려던 의도를 담아 'Fromm. Forest'로 정했다.
"숲의 사운드를 생각하면 스트링이 빠질 수 없을 것 같아. 섬세한 현악기로 아주 청량하게 편곡해야지. 예전 곡들도 섞어서 제대로 편곡을 해봐야겠어."
"그래, 이런 불경기에 콘서트를 보러 오는 많은 사람들이 있잖아! 멋있게 보여주자."
"그럼 찬이가 스트링 편곡을 맡아주는 건가?"

내 약간의 시무룩함을 위로하려던 스트링 편곡의 대가 찬이는 나의 계략에 걸려들고 만다. 허허, 하며 급히 말을 줄이는 찬이와 낄낄대면서 빗속을 걸어간다. 비로 흥건한 바닥을 가르며 찰박찰박 거리를 걷는다. 작아진 조리가 점점 더 작아져 내 발은 끝내 하이힐을 신은 돼지의 형국이 되었는데도 여전히 기분이 나쁘지만은 않다. 비를 맞고 나면, 맑은 본질이 드러나는가 보다. 혼신의 힘을 다해 곱슬머리를 펴고 출근했던 찬이는, 습기에 무릎 꿇고 다시 원래의 곱슬머리를 되찾았다.

나는 이제야 빗소리 사이로 복잡한 셈을 흘려보낸다.
라이브 에너지가 좋은 가수는 드물다며 프롬은 반드시 더 큰 무대에서, 더 좋은 소리로 공연해야 한다고 날 설득했던 이들을 생각한다. 내 노래를 듣기 위해 어떤 유명 가수의 공연보다 프롬을 우선순위에 둔다던 엔지니어의 목소리도 함께. 무엇보다 언제나 나를 보러 와주는 이들의 다감한 얼굴까지도.

이번 여름, 나는 아주 좋은 공연을 만들 것이다. 비가 흐르는 길을 따라 어지러운 감정의 찌꺼기들도 흘러간다. 이상하게도 묘한 패기가 솟아오른다. 역시 사람은 가끔 안 하던 짓을 하고 살아야 하는 법이다.

당신의　　　　　심장박동은

몇몇 친구들과의 모임이 끝나고 아립 언니를 지하철역에 데려다주기 위해 잠시 함께 걸었다. 가을도 겨울도 아닌 쨍하고 보드라운 날씨의 삼청동이었다. 높은 언덕 위에 있는 공영주차장으로 걸어 올라가며 서울 시내 야경을 잠시 내려다보았고 우리는 곧 차에 올랐다. 시동이 켜짐과 동시에 앨리스 피비 루의 앨범 《Shelter》가 흘러나오자 언니는 음악에 귀를 기울이며 말했다.
"음~, 음악 좋아."
"요즘 내가 자주 듣는 앨범인데, 좋아."
"이 음악 꼭 너 같아. 사람은 자기와 닮은 음악을 듣잖아. 가끔 누군가의 플레이리스트를 보면 그게 그 사람의 심장박동 같아."

언니가 말을 건네자 지금 흐르는 노래가 심장에서부터 혈류를 타고 온몸으로 퍼져 나갔다. 플레이리스트가 그 사람의 심장박동이라. 언니다운 말이네. 그 말이 어쩐지 당연하게 느껴졌다. 이미 알고 있었던 것처럼.

처음 엠피스리 플레이어가 나왔을 때를 떠올린다. 나의 첫 엠피스리 플레이어는 손바닥 한가운데 얹을 수 있는 작은 크기였고, 용량 또한 크기만큼이나 아담했다. 음악 파일의 크기를 따져가며 이리저리 잘 조합해야 겨우 스무 곡 정도가 들어가는 플레이어. 자리가 넉넉하지 않으면 소중한 것들이 더 명료해진다. 검열이 치열해질 수밖에 없다. 애매모호한 곡들은 플레이어 안에 품을 자리가 없기 때문에 처음엔 리스트에 있다가도 몇 번이고 순번이 밀리다 결국 추려져야 하는 냉혹한 운명이었다.

무엇을 남기고 무엇을 덜어내느냐. 이리저리 목록을 재배치한 끝에 남은 스무 곡은 순도 백 프로의 완벽한 플레이리스트였다. 취향의 결정체이자, 나의 리듬이며, 나만의 작은 우주였으리라. 앨범을 구할 수 없어 파일로만 가지고 있던 음악들, 방 안 컴퓨터로만 들을 수 있었던 곡들을 처음으로 엠피스리 플레이어에 넣던 날. 손발이 자유로워진 노래들을 안고 두근대는 마음으로 옥상으로 올라갔다. 멀리 아파트 단지에서 저녁 식사를 위한 불빛들이 하나둘 켜질 때 재생 버튼을 누른 순간을 기억한다. 첫 곡으로 흘러나오던 벨벳 언더그라운드 〈Pale Blue Eyes〉의 첫 기타 리프를. 탬버린 소리와 루 리드의 느슨한 목소리가 바람을 따라 넘실거리며 온 세상에 콩고물처럼 흩뿌려지던 순간을. 캬…… 이 노래를 옥상 야경을 바라보며 들을 수 있다니, 이것이 테크놀로지의 맛인가. 탄산처럼 폭발하는 설렘에 전율했다. 그때의 나는 그 노래가 내 심장박동과 다름없음을 알았다. 온몸에 피를 돌게 하고 나를 살아 있게 한다는 점에서. 일 번에 배치한 곡일 만큼 확신의 페이보릿 송이기도 했지만, 그 순간 때문에 지금까지도 더 깊게 각인되어 있는지 모른다.

여전히 이 곡은 내 심장박동 같다. 창백한 푸른 점이 두둥실 떠 있는 우주의 눈동자를 떠올리게 하고, 내 상상 너머 미지의 사랑을 꿈꾸게 하는 곡. 언제 어디서 꺼내 들어도 그 감정이 닳거나 해지지 않는, 반복에 쉽게 질리는 나에겐 늘 첫사랑 같은 떨림을 주는 곡이다.

손안에 우주를 쥔 듯한 포만감을 주던 게 음악이었는데,

새로운 음악을 찾는 것에 통 질려버린 요즘이다. 플레이리스트가 자꾸 고이고 새로운 음악에 마음을 뺏기는 일이 조금씩 줄어든다. 음악이 없어도 살 수 있겠다는 마음이 잠시 떠올랐다가 조금 우울해졌다. 그것은 요즘 나의 조용한 슬픔이다. 취향에 가까운 곡을 오차 없이 추천해준다는 스트리밍 플랫폼도 처음엔 새로운 유토피아를 발견할 수 있을 것 같다는 기대감에 매료되었지만 이내 시들해졌다. 비슷비슷한 느낌의 음악들을 제목도, 가수 이름도 모른 채 끝도 없이 듣다보면 어쩐지 미안하고 피로한 기분이 되고 만다. 귀에 걸리는 곡에 하트를 누르면 딱 그 작은 하트 크기만큼의 애착이 잠시 깜빡이다가 사라진다. 필연적으로 가치란 얻기 힘들어야 증폭되는 것인가 보다.

세상에 심드렁해지면 음악 듣는 것에 게을러지고, 음악 듣는 것을 게을리하면 결국 나 자신이 사라지는 듯한 기분이 된다. 음악이 결국 내 삶의 리듬이자 음조, 나의 심장박동이기 때문에. 내가 듣는 음악이 결국 나이기 때문에. 모든 게 넘쳐 오히려 텅 비는 아이러니한 세상에서 나에게 필요한 것은 백이십팔 메가 정도의 좁은 공간일지도 모르겠다.

밀려드는   것

"체수분이 부족하니 물을 많이 마셔야 해요."
또 그런다. 병원이든 헬스장에서든 인바디 체성분 분석만
하면 어김없이 듣는 한마디. 물 먹는 하마로 살아온 세월이
얼만데, 내가 이 정도면 세상에 체수분이 정상적으로
유지되는 사람이 있기나 한 걸까? 툴툴대며 집으로 걷는다.
하기야 생각해보면 나는 본래 물과 친한 인간은 아니었던
듯하다.

어릴 때 범어사 계곡에서 물놀이하다 언니의 엉덩이에
물뱀이 뻐끔하고 스르륵 지나간 이후, 언니는 일 년에 한두
번씩은 그 얘길 꺼내며 물과 미지에 대한 공포를 견딜
수 없어 했다. 그 얘기를 들은 밤이면 내가 튜브를 타고

떠 있는 발아래, 어두컴컴하고 미끄덩한 깊은 물속 바위 틈에서 물뱀들 지나다니는 장면이 자꾸만 떠올랐다. 그 생각을 하면 절로 소름이 오소소 돋고 끝이 보이지 않는 물의 심연이 두려워졌다. 여름이 되면 외곽의 계곡에서 사람들이 빠져 죽었다는 소문이 동네에 돌기도 했는데, 그때마다 엄마는 지나가듯 무심하게 "시퍼런 계곡물은 사람 잡아먹는 물" 같은 무시무시한 말을 하곤 했다.

엄마는 본디 예민한 사람이었다. 바닷물도 해수욕장도 샤워장도, 사람이 모이는 곳이라면 모두 찝찝해했다. 덕분에 나는 부산 사람임에도 바닷가에 발가락 하나 제대로 담가본 적이 없었다. 우리 집에선 해수욕의 과정이나 행위 모두 꺼림직한 것으로 여겨졌다. 집 아닌 곳에서는 물을 마시는 일도 찝찝해서 학창 시절에는 다 먹은 플라스틱 우유병에 담은 이백 밀리리터 남짓한 보리차로 하루를 견뎠는데 그마저도 다 마시지 않았다. 그런데 엄마가 정수기 회사에 들어가면서 물에 대해 지나치다 싶을 만큼 과도한 교육을 받았고, 그때부터 우리 집에서 물의 신분이 극단적으로 달라지게 된 것이다.

오래전 주말이면 연인과 자주 한강변에서 시간을 보냈다.

가게들이 문을 닫을 시간이면 함께 있을 시간이 줄어드는 게 아쉬워 갈대숲을 헤치고 한참을 걷다가 성산대교가 보이는 어딘가에 자리를 깔았다. 배드민턴을 치고 음악을 듣고 또 가만히 앉아 서로의 어깨에 턱을 괴고 오래오래 물을 바라보곤 했다.

길게 뻗은 가로등도, 날카로운 철제 다리도, 한강변 너머 각진 도심의 빌딩들도 강물에 비치면 모두 직선을 잃고 일렁일렁 너그러운 곡선으로 풀어지던 광경. 주황과 노랑 밤빛들이 물 위에서 기다란 리본 끈처럼 흔들리는 순간이 좋았다. 세상이 그렇게 순해지는 순간이 좋았다. 내 마음도 그렇게 무뎌지는 것만 같아서.

언젠가 처음으로 물속에서 나아가는 법을 배웠을 때도 비슷한 기분에 매료되었던 것 같다. 그러니까 어떤 자유로움과 동시에 내 몸이 온순해진다는 느낌에 휩싸이는 것이다. 인간을 구성하는 몸의 형체, 선과 중심이 일순간 모두 풀어지는 감각이라고 해야 할까. 내가 얼마나 경직된 채로 걸어 다니는 인간인지 물속에서 문득 깨닫게 된다. 나는 놀이기구를 몹시 즐기는 사람인데다 가위에 눌릴 때도 롤러코스터 타는 것마냥 즐겨보자고 마음먹는

사람이라서 물속에서 부유하는 동시에 낙하하는 듯한
그 오묘함마저도 나를 들뜨게 만들었고 그게 무척 좋았다.
그제야 내가 물을 찝찝해하거나 무서워하는 사람이
아니라는 것을 알게 됐다. 그런데도, 언제부턴가 물을
열심히 챙겨 마시고 이렇게 각별히 생각함에도 물이 내
속까지 스미지 못한 이유는 뭘까. 여전히 내 안에 여유가
부족하기 때문은 아닐까.

유연해지고 싶다는 마음을 간신히 품어보던 어느 밤,
나는 전혀 다른 방향에서 몰아닥친 거센 감정의 파도에
휩쓸렸다. 자기 전 조그마한 수면등 하나를 켜고 인터넷
뉴스를 슥슥 훑어보다가 어떤 잔인한 사건을 보게 된
것이다. 끔찍한 사건이 무심한 활자에 실려 내게 들어온
순간, 나는 무방비 상태에서 충격을 맞았다. 그것은
즉각적으로 심장을 관통했고 숨이 헉, 하고 막힐 정도의
물리적인 고통으로 밀려왔다. 나도 모르게 눈물이 얼굴을
타고 흘렀고, 소리를 참을 수 없을 만큼 마음이 쓰라려
엉엉 울었다. 그 소리에 찬이가 달려왔다. 놀란 눈을
했지만 찬이는 아무런 이유를 묻지 않은 채 가만히 나를
안고 조심스레 등을 토닥였다. 그 순간 찬이로부터 전해
오는 체온이 마치 따스한 물속에 있는 것처럼 감각되었다.

인간의 몸 대부분이 왜 수분으로 이루어져 있는지 그때 조금 알 것도 같았다.

토닥토닥……. 내 등을 두드리는 그 리듬에 맞춰 내 심장 고동의 파도도 조금씩 속도를 늦췄다. 나는 눈을 꼭 감고 크게 심호흡했다. 커다랗고 고요하고 맑은 파도가 나를 향해 서서히 밀려오는 듯했다. 그 속으로 조금씩 침잠하다가 이내 나는 잔잔한 호수를 앞에 두고 따스한 양지 한편에 걸어 나와 앉을 수 있었다. 긴 통로를 따라 다시 내 침실로, 현실로 흘러나온 것이다.

이날은 오래도록 기억에 남았다. 짧은 순간이었지만 누군가에게 마음을 온전히 기대고 구조된 경험이 어쩐지 처음이었던 것 같아서.

타인을 배려하는 일에 익숙하지만 정작 나 자신에게는 그런 자리를 허락하는 게 어렵다. 귀찮을 수 있는 부탁을 아무렇지 않게 하거나 타인의 시간을 쉽게 침범할 수 있는 사람들의 해맑은 무감함을 가끔은 부러워하면서도 자연스레 나는 반대의 사람이 되고 만다. 언제든 누구든 안아줄 준비가 되어 있다고 생각했는데 사실 약간은 피로했던 감정의 찌꺼기가 내 안 어딘가에 남아 있었던 게 아닐까. 그렇게 나는 정작 누군가가 필요할 때면 어디에 있어도 겨울을 사는 사람처럼 얼어버리고 만다. 인간은 자신을 대하는 방식으로 타인을 대하니까. 타인에게 관대하지 못한 사람들은 자신에게도 인색하니까. 내 시선으로 타인을 들여다볼수록 나는 더더욱 그럴 수 없는 사람이 된다. 내 마음엔 내가 들어갈 여유조차 없었던 것일지도.

그날 조용히 밀려든 것은 내 안에 작은 공간이 있다는 사실이었다. 나도 누군가를 물처럼 안아줄 수 있으면 좋겠다고, 때론 나도 어디든 유연하게 담기는 사람이고 싶다고 생각한다. 늘 어딘가 어떤 형태로든 흐르는 사람. 딱딱하고 날카로운 것으로는 절대 가를 수 없는 사람. 조금은 더 뻔뻔하게 어느 누군가의 마음에든 나 하나쯤 머물 공간이 없겠느냐고 믿는 사람으로 말이다.

찬이의 어깨 너머로 본 것은, 한강 물에 무뎌지던 그날의 내 마음이었을지도 모른다.

Water

가만히 꼭 안아주면 돼요
파도가 멀리 잠잠해져가요

조그맣고 보드랍게 나를 감싸주는
그댄 물빛으로
일렁일렁 모든 날카로움은
무뎌지죠 이제는

그대 안에 나 하나쯤 둘 곳 없겠어
그대 안에 나 하나쯤 숨겨둘 곳

그렇게 밀려오세요
너무나 쉬운 일이야

한없이 더 순해질 테요
무엇도 날 가를 수 없도록

나의 등을 토닥이는 그대 리듬이
내 숨을 느리게 해
일렁일렁 나는 아름다운 꿈을 꿀 거예요

이제는

그대 안에 나 하나쯤 둘 곳 없겠어
그대 안에 나 하나쯤 숨겨둘 곳

그렇게 밀려오세요
너무나 쉬운 일이야

프롬 작사·작곡, 정규앨범 3집
《Mood, Sunday》(2022) 수록. KOMCA 승인필.

기억력의   행방

친구와 카페에서 대화를 나누다가 내가 무슨 말을 하려 했는지 까맣게 잊어버렸다. 입을 떼려던 순간, 실시간으로 생각이 증발해버렸다.
"뭐였지? 우리 지금 뭘 얘기하다가……."
나는 허공을 더듬는다.
"너 요즘 채소 구독하는 거 알려준다며."
"아차차 맞다! 링크 보내줄게!"
링크를 찾으러 휴대폰을 뒤적이다가 다시 외친다.
"내가 뭘 찾고 있었지?"
"?"
이렇게 갑자기 또 머릿속이 깜깜해지는 식이다. 요즘 내 기억회로가 왜 이럴까.

오늘도 유머, 이슈, 동물의 재롱, 예쁜 여자, 생활 꿀팁 등등 수많은 짧은 동영상을 보며 세상의 흐름을 배운다. 한두 시간이 순식간에 사라졌다. 잠시만. 세상의 흐름을 공부하려고 한 게 아니었는데 내가 뭘 검색하려고 했더라? 이미 저 멀리 가버린 기억에 눈을 치켜 떠본다. 잠시 잠깐 다른 것에 정신이 팔렸다가 아차 싶으면 다시 가던 길로 돌아가면 그만인데 언제부턴가 아무리 떠올려봐도 처음이 잘 기억나지 않는다. 마치 읽던 책을 다시 펼쳤는데 책장이 몽땅 찢겨 나간 것처럼. 설마 내 기억력의 총량을 다 써버린 건가.

나는 특히나 기억력이 좋은 편이었다. 기억에 근거한 말싸움에서는 한 번도 밀린 적이 없었다. 어린 시절 겪었던 일, 가족끼리 했던 얘기, 학창 시절 에피소드, 어릴 때 본 광고의 카피 문구까지. 당시 주변 상황과 내가 했던 말까지 모두 기억하고 있어서 찰지게 설명하고 있으면 사람들은 어떻게 그런 것까지 다 기억하고 있느냐며 감탄을 표하곤 했다. 그럴 때마다 나는 우쭐댔다. 이제는 나이도 적지 않고 세상이 도파민 중독자로 넘쳐나니 그러려니 하고는 있지만 무한할 줄 알았던 내 기억 공간도 한정적이었다니……. 현실을 받아들이자니 새삼 낯설고 씁쓸했다. 살면서 몇 안 되는 우쭐할 기회를 이렇게 잃어버렸다. 그다지 큰 도움이 안 되는 어린 시절의 에피소드로 기억 저장장치가 꽉 차 있어서 새 기억들이 그 틈을 비집고 들어오질 못하는 상황일까. 확실히 요즘 내 기억은 지극히 선택적으로 저장된다.

선택된 기억들은 대개 강렬한 것들이다. 여행을 자주 떠나고픈 이유도 이와 맞닿아 있다. 고작 며칠뿐인 여행지에서의 시간이 그해를 대표할 유일한 기억이 되기도 하니까. 일 년 중에 가장 선명한 오 일. 그 오 일은 초당 이백 프레임이 넘는 부드러운 속도로 구름이 번지던 장면까지 재생을 해낸다. 때론 그 장면들이 스스로 슬로모션으로 상영되기도, 드문드문 소리 없이 일 초씩 편집되어 영화처럼 흐르기도, 다양한 필터가 씌워져 다른 색깔로 재생되기도 한다. 기존 기억을 밀어내고 새 기억이 자리를 펴려면 이렇듯 다양한 경로로 일상을 벗어나 새로운 것들을 보기 위해 더 노력하는 수밖에. 하지만 모든 일상을 여행처럼 쾌락에 가까운 자극으로 받아들이는 것은 불가능하다. 매일 닿는 현실에서도 기억을 붙잡아두려는 노력이 필요한 이유다.

그것은 자연스럽게 기록으로 이어졌다. 나는 잊지 말아야 할 것을 전보다 더 자주 메모하기 시작했다. 사소한 약속, 그날 해야 할 것들, 투두리스트 말고도 스쳐 가는 생각들 중 한 단어라도 써두면 순간의 감정과 생각이 메모장에 박제된다. 좋은 대화를 나눈 날이면 그날의 문장을 하나 남긴다. 노래 멜로디가 떠오를 때 녹음해두듯이.

메모장
- 반짝이는 것은 언제나 조그맣다.
- 그를 위한 기도는 반드시 그를 위해 쓰인다. — 아솔이
- 내가 롹커라고 부르는 사람들. — 보수동에서 책 읽던 멋쟁이 안경 할아버지, 입금하겠다는 문자도 일주일쯤 씹으시는 마루 시공사 사장님.
- 삿포로 여행 준비물 리스트.
- 노래하고 싶다.
- 여름에는 밤이 마음에 든다.
- 기억하자, 내가 가진 건 요령이 아니라 노하우. — 찬
- 나는 조금 기울어지고 소박한 마음으로도 잘 살아갈 수 있어.
- 오늘의 마음은, 좋아하는 과자를 아껴두는 마음.
- 튜너, 기타 스트랩 챙겨.

ㅣ 이상은 ─ 그대 떠난 후.
ㅣ 봄이 오면 김정미의 봄을 듣고 춤추기.
ㅣ 너의 거짓말에 함부로 속아줄래.
ㅣ 죽지만 않으면 상처는 반드시 아물고 기억은 서서히 옅어져.
ㅣ 인트로 3, 4마디 코드 마음에 안 듦.
ㅣ 색연필을 빌려주면 꼭 두 개쯤 잃어버리고 돌려주는 사람.
ㅣ 행복과 불안은 항상 같은 양으로 자라난다.
ㅣ 고래 꿈을 꾸었어.
ㅣ 나는 나를 어떻게 대해야 할까.
ㅣ Have I been in your dreams?
  너의 꿈속에 내가 있어?
ㅣ PATRICE RUSHEN ─ Straight from my heart
  (링고네 추천)

문득 컴퓨터 파일을 정리하다 제목부터 전혀 기억나지 않는 데모곡들을 발견하고 재생을 눌렀다. 12%.mp3, 155.mp3, 성미산로_006.mp3, where_are_u_2.mp3······ 이렇게 까맣게 존재를 잊어버릴 수 있나 싶게 언제 어떤 기분으로 만든 건지 아예 기억에 없는 곡들. 그런데 신기하게도 노래가 흐른 지 몇 초 후 기억이 줄줄이 현실처럼 재생되며 눈앞으로 걸어 나왔다. 그날의 새벽 공기, 방에 들어오는 가로등 빛의 각도, 동동이의 코골이, 무심코 연주하던 코드 진행, 자꾸만 빨라지는 호흡에 재녹음을 클릭하던 짜증 섞인 내 손짓, 내가 완성형 인간이 되기에 십이 퍼센트쯤 모자란 인간이란 생각에 붙인 제목. 끝끝내 모두 마음에 들지 않아 습작 폴더에 우르르 담아놓고 하드에 깊게 박아뒀던 순간까지.

영화처럼 재생되던 기억에 깜짝 놀라 내 방 주위를 돌아보았다. 아, 기억은 이렇게 작동하는 건가. 무조건 덧씌워지거나 지워지는 것이 아니라 오랜 시간이 지나도 손을 뻗으면 다시 펼쳐지는 것. 오늘은 사라져버린 듯해도, 언젠가 문득 어떤 향이나 풍경, 단서에 의해 조용히 다시 떠오르는 것.

그저 언제부턴가 잊어야 할 것은 잊고 접어둬야 할 것은 접어야 한다고 내 기억력은 강력하게 주장하는지도 모르겠다. 최대한 효율적으로! 예전 같았으면 두고두고 아파했을 기억들도 이제는 자체 저장시스템의 간소화 덕분에 큰 무리 없이 잊히는 특혜도 누리니까. 이제 나는 드문드문 잃어버린 날들도 메모장에 기록된 단서들로 기억을 조립한다. 있는 그대로의 순간으로 기억하는 것이 아니라 그날 남겨진 나의 단서들로 의미를 조합해내는 방식이다. 어떤 감정은 조금 더 극적으로 덧칠되고, 어떤 장면은 해석 속에서 더 선명하게 변형되는 식으로 어쩌면 예전보다 더 풍요롭고 자유롭게 저장공간을 운용한다. 기억의 새로운 패러다임이 생겨난 것이다.

띠링.

때마침 주문한 제품의 배송이 시작되었다는 메시지 알람이 떴다. 뭘 샀더라. 한껏 눈을 치켜 떠본다.

떠날까

처음 유럽 여행을 꿈꾸게 된 것은 조명 때문이었다. 어릴 때부터 방 한가운데 달린 하얀 형광등 아래에 있으면 초조했다. 눈이 부시고 아슬아슬하게 신경줄을 당기는 듯한 피곤함에 지친다고 할까. 한참 감추고 싶은 게 많은 나이라서 그랬는지도 모른다. 방 안은 쉴 그늘 하나 없는 새하얀 실험실 같아서 어딘가로 도망가고 싶은 충동에 시달렸다. 하지만 어린 시절 형광등에서 벗어날 수 없었던 것처럼, 내 모든 의지와 감정마저 숨겨지는 것 없이 까발려지며 나는 일탈 없이 순순히 성장했다.

본디 '분위기'를 좋아하기도 했다. 아주 어릴 적에도 엄마와 장 보러 가는 길에 봐두었던 어두컴컴한 분위기의

경양식집에 데려가달라고 졸랐다가 다 큰 연인들이나
가는 데를 벌써 선보러 갈 거냐며 가족들이 깔깔거리기도
했다. 분수에 맞지 않는 허세를 부리다 들킨 사람처럼 나는
무안한 기분에 얼굴이 빨개졌고.

용돈을 받기 시작할 무렵에는 쿠키류의 과자를 사두고
간식 타임이 되면 예쁜 그릇을 특정해 담아달라고
엄마에게 부탁하기도 했다. 아름답게 연출된 광고 장면처럼
멋들어진 간식 타임을 즐기고 싶은데, 쿠키 포장지를
까는 행위부터 낭만이 추락하는 듯 느껴져서였다.
바쁘고 털털한 엄마는 내 말에는 아랑곳없이 버터링을
까서 하나는 꺼내 물고 나머지는 포장지째 방 안으로
슬라이딩하듯 던져주었다. 나는 대체 왜 접시에 담아주지
않느냐며 가슴을 쳤고.

가끔 안방에 모여 과일이나 쑥떡을 먹으며 함께 보던 외국
영화 속 장면들은 따스한 꿈결 같았다. 반짝이는 도시
어딘가의 근사한 방, 거친 질감의 커다란 쿠키와 아름다운
식기에 담긴 케이크가 놓인 식탁. 오래된 건물의 노란
조명 아래 여유롭게 저녁을 즐기는 사람들. 푹신한 침대
머리맡, 아늑한 불빛 아래 책을 읽다 잠드는 외국 소녀들.

나는 넋을 놓고 그 모습을 쳐다봤다. 향기로운 디저트가 가득하고, 분위기를 잡는다고 놀림받지 않으며, 부드러운 조명이 어둠을 밀어내는 곳. 그곳이 나의 유토피아가 아닐까 생각했다.

유럽 여행의 꿈을 처음 이룬 것은 이십 대의 끝자락. 조명을 사 모으고 간접조명으로만 생활하던 나를, 가족들은 '조명에 미친년'으로 부르고 있을 때쯤이었다. 레이블에서 영상과 사진을 함께 작업하던 도씨와 여행에 관해 이야기하다가 함께 떠나자고 결의한 것이다. 프랑스, 스위스, 영국에서 두 주 넘는 일정. 이렇게 먼 곳으로 긴 여행을 떠나는 것도, 타인과 이렇게 길게 단 둘이 지내는 것도 처음이었다.

나는 눈치가 빠르고 타인을 많이 의식하는 사람이다. 타인이 불편한 것보다는 내가 감수하는 게 나아서, 여럿이 한 공간에 있으면 누구의 감정이 어떤지가 한눈에 보여서 배려하고 애쓰게 된다. 사람들을 좋아하지만 만남 이후엔 종일 중노동을 한 것 같이 녹초가 되는 것도 그런 이유다. 잠자리에도 민감했다. 간혹 친구 집에서 자다가 도무지 잠이 오지 않아 새벽에 야반도주하기 일쑤였으니까. 이런 내가 알게 된 지 얼마 되지 않은 친구와 단 둘이 타지에서 두 주 넘게 동고동락한다니. 큰 결심이 필요한 일이었지만 떠나자는 얘기에 대수롭지 않게 "좋아, 좋아"를 외쳤다. 뭐든 대수롭지 않아 하면 대수롭지 않은 일이 된다.

꿈에 그리던 첫 도시, 파리에 도착한 순간부터 일이 꼬였다. 3월 파리에 급작스러운 폭설이 내린 것이다. 눈이 잘 오지 않는 파리에서 갑자기 온 눈에 일부 지하철 노선이 마비됐다. 도로는 아수라장이었다. 원래 찾아두었던 길을 포기하고 돌아 돌아 눈길 위에서 캐리어를 끌며 고행 끝에 숙소에 도착했을 때 레이스 신발 하나만 신고 온 도씨의 발은 꽁꽁 얼어 있었다. 여행지에서 사려고 운동화를 챙겨오지 않았다는 도씨는 며칠이 더 지나도 신발은 사지 않고 밤마다 레이스 신발을 빨고 라디에이터에 말리며 하루하루를 버텼다. 내가 잔소리를 해대도 히히 웃으며 매일 밤 신발을 말리는 도씨를 보며 그 남다른 고집이 새삼 신기했는데, 매일 쇼핑센터에 들어가서 신어만 보고 신발 대신 다른 것만 사는 도씨를 위해 결국 내가 신발을 사고 내 신발을 빌려주는 것으로 마음의 평안을 찾았다.

어찌 보면 자아가 강하고 성격이 분명한 도씨는 상대와

리듬을 맞춰가는 성향인 나와 의외로 여행이 잘 맞았다. 함께 숙소에 있어도 각자의 시간을 충분히 누릴 수 있었고, 숨기는 감정도 없으니 살피고 애쓸 필요가 없어 편안했다. 게다가 도씨는 야무진데다 좋은 취향을 갖고 있어서 내가 모르는 이곳저곳으로 나를 이끌었다. 갤러리마다 데리고 다니며 아름다운 인쇄물을 수집하기도 했고, 규칙과 일탈 사이를 오가는 담력과 패기가 있어 요행히 재미난 순간을 많이 만나기도 했다.

첫 이틀의 불면과 폭설을 이겨내고 며칠 사이 적응한 파리 시내는 너무 아름다웠다. 내가 예상하고 기대한 것보다 훨씬 더. 오 층 높이 정도에 있는 숙소에서도 나지막한 건물들의 도시 전경이 한눈에 들어왔다. 초저녁 불빛을 좋아하는 나에게 파리 시내는 사랑에 빠지기에 충분했다. 〈Merry Go Round〉라는 곡을 쓸 때 상상했던 모습의 회전목마가 파리 곳곳에 있는 것도 운명처럼 느껴져 나올 때마다 올라타는 바람에 주머니에는 동전이 남을 새가 없었다. 일렁이는 불빛 속에서 빙글빙글 돌며 적당한 그늘과 낮은 조도의 노란빛 속으로 떠올리고 싶지 않은 것들을 가라앉힌 채 스며드는 기분이 좋았다.

누가 봐도 큰 철학 없이 뜨내기 손님을 상대하는 번화가의 식당, 한국으로 치면 이름이 또또분식쯤 될 법한 길거리 밥집에서 식사할 때도 그저 황홀했다. 냉동식품을 데워온 듯한 닭 다리 하나에 잘 먹지 못하는 당근이 잔뜩 올라와 있는데도 홀홀 웃음이 나왔다. 지금 우리는 낡은 갓이 씌워진 전구색 조명 아래, 파리의 주황빛 저녁 안에 있으니까!

콜마르라는 프랑스의 시골 마을에 도착했을 때였다. 우리는 프티베니스로 가고 있었다. 숙소 위치가 외딴곳이라 한참을 걸어야 했는데 늑장 부리며 나온 까닭에 곧 해가 질 것 같아 마음이 급했다. 목적지에 다다랐을 즈음 근처 조그만 가게 안에서 울려 퍼지는 바이올린 소리에 걸음을 멈췄다. 몇몇 사람들이 연주를 들으며 모여 있었다. 잠시 거기에 마음을 빼앗겨 연주를 보고 있노라니 가게 주인이 눈짓으로 자꾸 팁박스를 가리켰다. 몇 번이고 눈을 피해도 돈을 내라고 압박하는 눈치가 느껴져 급격히 마음이 불편해졌다. 이런 마음으로는 음악 선율이 아름답게 들릴 리가 없었다. 우린 저녁 먹을 돈만 간당간당하게 챙겨 나왔으니.

이제 한 시간쯤 후면 해가 질 것 같아서 얼른 가던 길을

가는 게 어떻겠냐고 슬쩍 물었지만 도씨는 아직 나갈
생각이 없었다. 자신은 그냥 이곳에 더 있을 테니 혼자
가라고 딱 잘라 말하는 도씨 때문에 난감했다. 우리는
종이 지도를 들고 다니는 오프라인 뚜벅이였는데 막상
혼자 외국 시골에서 길을 잃고 서로 못 만나면 어떡하나
잠시 겁이 났다. 나올 때도 늑장 부리더니 목적지를
코앞에 두고도 계획대로 하지 않는 도씨가 원망스럽기도
했다. 그럼에도 이내, 여행지에서 만난 예상할 수 없는
풍경에 마음을 빼앗겼다면 거기에 머무는 것이 응당
맞다고 느껴졌다. 팁박스에 돈을 넣지 않고도 가게 주인의
말 없는 압박을 이겨내고 즐길 수 있는 도씨의 기개를
높이 사는 마음도 있었다. 별수 없이 혼자 프티베니스에
종종걸음으로 들어왔다.

막상 완전히 혼자가 되자 기분이 묘했다. 분명하진
않았지만 두려움보다는 의외로 가벼워진 마음이었다.
이곳저곳 골목마다 발 닿는 대로 돌아다녔다. 하이디를
떠오르게 하는 귀여운 전통복장 소녀의 그림이 걸려
있는 기념품 가게에도 들어갔다. 나무로 만든 오리 장식
연필과 맘에 드는 포슬포슬한 종이 엽서를 구매하는 동안
마음 안에서 작은 희열이 번졌다. 기념품 가게를 나오는데

어디선가 묵직하고 맑은 울림의 종소리가 들렸다. 흐리다 열린 하늘을 배경으로 우뚝 선 종탑. 그곳에서 울리는 종소리였다. 탁, 하고 마음 어딘가 단단히 묶여 있던 끈 하나가 풀리며 문득 이런 생각을 떠올렸다.

'지금 나는 태어나서 처음으로 내 의지로 걷고 있는 게 아닐까.'

가게에서 엽서를 집을 때도 비슷한 마음이었다는 걸 깨닫는다. 무엇에도 휩쓸리지 않고 죄책감에 시달리지도 않고 오롯이 나를 위해 무언가를 집어 든 것이 처음인 것만 같다. 처음 풀숲을 달려본 강아지처럼 자유를 처음 들이킨 마음은 벅차고 출렁거렸다. 칸칸이 놓인 돌바닥의 질감도, 거대한 종탑의 맑은 종소리도, 저마다의 역사를 간직한 골목 곳곳의 풍경도, 지나치는 사람도 모두 내 인생에서 처음 만났기 때문인 걸까.

낯선 도시에서 이정표에 얽매이지 않고 아는 사람도 없이 오래전 봐두었던 사진 속 거리를 혼자 걷고 있다는 사실에 나는 가늠하기 힘들 만큼의 해방감을 느꼈다. 매일 알고 싶지 않아도 알게 되는 세간의 시끄러운 사건 사고도, 내가 비주류의 인간이라는 것도, 나 자신이 온갖 수치와 계산식 속의 숫자처럼 느껴지던 날들도 오래전 상자 안에 넣어두고 잊어버린 것처럼 까마득히 멀게 느껴졌다.

이런 거구나. 내가 있던 곳에서 전혀 다른 곳으로 옮겨져 와 있다는 것만으로, 내 생 안에서 얼마나 많은 것에 눌리고 엉켜 있었나를 깨달을 수 있는 거구나. 원점으로 되돌아가 내가 무엇을 움켜쥐고 싶어 하는 사람인지 알게 되는 거구나. 한때 자아를 찾기 위해 인도로 떠나는 여행이 유행했고, 어느 순간 그런 사람들의 자아가 대거 아이슬란드로 옮겨갔다는 우스갯소리도 들어봤다. 하지만 당시 내 자아는 인도도, 아이슬란드도 아닌 프랑스 시골 마을 콜마르에 있었던 것이 분명하다. 몸이 자꾸만 떠올라 피로가 느껴지지 않았다. '자유'란 단어 그 자체가 된 기분이었다. 투명했던 나에게 걸음마다 컬러가 생겨나는 순간이었다.

이윽고 도씨가 눈앞에 나타났다. 나는 웃으면서 손을 흔들고 아주 오랜만에 만난 사람처럼 반갑게 인사했다. 그 전의 나와는 전혀 다른 사람으로. 콜마르에서의 저녁, 우리는 프랑스에서 가장 맛있는 치즈그라탕을 먹었다.

한 장의 사진 속에는 얼마만큼의 하늘이　　　담겼나

뉴질랜드 테카포 호수 앞에서 노트북을 켰다. 엊그제는 연남동 골목길을 산책했는데, 오늘 내 눈앞에는 탁 트인 에메랄드빛 맑은 호수가 펼쳐져 있다. 호수 뒤로 뻗어 나간 웅장한 산세는 아무리 보아도 비현실적이다. 우와, 하고 나도 모르게 감탄이 새어 나오는 광경이다.

그런데, 그런데 말입니다. 나는 남태평양 오세아니아 대륙의 이 아름다운 호수를 눈앞에 두고도 알 수 없는 불안감에 시달리고 있다. 불안의 이유란 늘 수만 가지 갈래이기에 내 마음을 뒤적여 헤아려봐야 할 테지만, 대자연의 절경을 앞에 두고 이런 마음이라니 당황스럽다. 정리하지 못한 채 한국에 두고 온 많은 일들이 여전히 나를 괴롭히는 걸까? 최근 한국에서도 약간의 불안과 함께 생활하긴 했다. 보통은 내 몸이 여행지로 옮겨지면 불안과 단절되어야 하는데 그 감정이 내 발목을 붙잡고 이곳까지 따라올 줄은 몰랐던 것이다. 심지어 일만 킬로미터를 날아오는 동안 더 증폭된 채로.

물길이가 부부 동반 뉴질랜드 여행을 제안했을 때 별 고민도 않고 덜컥 결정했다. 친구가 여행 만렙이라서 머리 아픈 계획을 짜지 않아도 되는 여행. 더구나 스스로 결정한다면 선택하지 않을 여행지 아닌가. 그래 이건 좋은 기회야! 외치며 아무것도 알아보지 않고 따라나섰던 그날의 내 허벅지를 꼬집어주고 싶다.

이번 여행은 무려 캠핑카 여행이다. 사실 뉴질랜드 캠핑카 여행이라는 물길이의 이야기에 눈이 번뜩 뜨였던 것도 있다. 여유가 있는 일정이라기에 이곳까지 할 일도 많이 가지고 왔다. 아름다운 호수 앞에 캠핑카를 세워두고 여유 넘치게 작업하는 장면을 상상했던 것이다. 그러나 막상 여행을 시작하고 나니 가장 큰 복병은 캠핑카였다. 여행을 좋아하지만 캠핑에는 영 취미가 없는 나는 캠핑카라는 게 차창 너머로 각종 풍경을 감상할 수 있는, 움직이는 호텔 정도로 생각했었나 보다. 차 안에 많은 게 갖춰져 있긴 하지만 캠핑은 캠핑. 돌아서면 해야 할 일이 끊임없이 이어진다. 잠시도 가만히 즐길 여유가 없다. 차가 커서 생각하는 것처럼 아무 데나 세워둘 수도 없다. 캠핑카가 '캠핑'과 '카'의 합성어라는 사실을 캠핑카에 앉아서야 깨닫다니. 해맑게 꿈을 꾸던 그날의 나를 다시 꼬집고 싶다.

그럼에도 어쩌겠는가. 여행이 시작된 이상 도망칠 곳이 없는 것을. 어디서든 쉽게 도망치고 싶어 늘 바닥을 치는 나의 참을성 게이지가 이번에 조금 채워질 것 같다. 이건 때때로 충동적인 결정으로 나를 예상할 수 없는 환경에 몰아넣는 이유이기도 하지. 인내심 배양시스템 자동 가동이다. 그래, 나 여행 중이야. 이거 아주 기분 좋은 일이야. 애써 호흡을 가다듬었다. 여행의 초반에는 뭐든지 적응이 필요한 법. 캠핑카를 인계받을 때도 허술하기 짝이 없는 업체 측 설명에 불만이 솟구쳤으나 그냥 필요할 때마다 유튜브로 그때그때 찾아보고 해결하기로 했다. 저 조그만 화장실을 사용하면 오물통을 스스로 비워야 한단 말이지……? 윽, 벌써 인내심 그릇에 금이 간다. 기분 전환 겸 여행 시작과 동시에 인스타그램에 사진도 올렸다. '캠핑카 여행' 하면 떠올릴 만한 로망에 적합한 사진으로.

어제는 밤새 돌풍이 불어 캠핑카가 뒤집힐 것 같더니, 오늘 블라인드를 걷어 올리는 순간 이 세상 것이 아닌 듯한 에메랄드빛 호수가 펼쳐졌다. 이 순간을 위해서 온 것일까 싶은 풍경이었다. 호수 사진의 반응을 확인하러 앱을 열었는데 생각보다 '좋아요' 수가 더디게 올라간다. 안 그래도 불안했던 마음에 급격히 돌풍이 분다. 여행을 하는 나는 뉴질랜드 시골에 짱 박혀 있고 모두 재미난 도시의 삶 안에서 연결되어 있는 것만 같다. 다수와 분리되어 있다는 기분에 오히려 외로워졌다. 누가 시킨 것도 아닌데 기어코 여행을 와서 이런 기분을 느끼고 있는 내가 어이없어 얄미울 정도다. 피드를 죽죽 내리는 동안 기분은 점점 더 가라앉는다. 아무튼 인스타그램에서 잘나고 대단한 사람들만 보고 있으면 높은 확률로 기분이 구려진다.

오늘은 거의 밤에 이동했다. 캠핑카는 운전하기에 너무 큰데다 길은 낯설고 어두웠다. 고정 라이트가 작동하지 않아 거의 상향등을 손으로 밀면서 운전하는 찬이의 모습이 위태위태했다. 목적지 아오라키 근처에 겨우 도착했을 때는 이미 완전한 밤이었고 캠핑장의 리셉션도 문을 닫아 손전등 없이는 한 치 앞도 보이지 않았다. 저 멀리 달빛에

빛나는 검은 강만이 비현실적인 그림처럼 허공에 걸려
있을 뿐. 내가 지금 어디에 있는지 도무지 알 수 없는
기분이 됐다.

조금씩 바람이 거세지고 빗방울도 굵어진다. 캠핑장에
늦게 도착한 탓에 샤워실과 화장실, 식당 등이 모여
있는 주요 시설에서 꽤 먼 곳에 자리를 잡았다. 차에
전원을 연결하자 이제야 충전기도 작동하고 전기요도
따뜻해진다. 정박을 했으니 이제 늦은 저녁을 준비하러
갈 차례다. 캠핑장 공용식당에서는 조리 도구도 낯설다.
가끔 음식물이 엉겨 붙은 것들도 보인다. 그중 오늘의
요리에 적합한 도구를 찾고 데면데면한 녀석들을 구석구석
닦는다. 그렇게 안면을 트고 나서야 조금 쓸 만해진다.
왜 이리도 한 번에 되는 일은 없는지, 차에 두고 온 도구와
흩어진 식자재들을 가지러 넷이서 각자 두세 번씩은 꽤 먼
길을 왔다 갔다 했다. 밥하는 데만 꼬박 한 시간은 걸렸다.

따끈하게 카레를 해 먹고 긴장이 조금 풀렸다. 빗소리를
들으며 모닥불 앞에서 맥주와 함께 배를 든든히 채웠더니
얼굴이 발그레 달아올랐다. 집으로 돌아가지 않아도
되는, 자유로운 여행지에서의 밤. 사랑하는 사람들과

우스갯소리로 떠들어대는 밤이야말로 여행의 큰 행복이다. 말끝의 내 웃음소리가 귓가를 스쳐 검은 창밖으로 둥실 새어 나간다. 파일럿인 강수는 비가 한 방울씩 튀어 들어오는 창 한쪽을 밀어 닫으며 비행 때 마주치는 기상 상황에 대해 설명한다. 파란 꼬리가 달린 별똥별을 눈앞에서 보기도 하는 강수의 삶은 어쩐지 낭만적이고 또 비현실적이다.

"사실 가장 무서운 구름은 적란운이다? 우리가 흔히 뭉게구름이라고 말하는 그런 예쁜 구름. 비행 중에 마주하면 가늠조차 안 될 만큼 거대하고 또 어찌나 아름다운지. 가끔 홀린 것처럼 넋을 놓게 될 때도 있어. 그런데 반드시 피해 가야 하는 구름이야. 그 안에 뭐가 숨어 있을지 모르거든. 천둥, 번개는 물론이고 터뷸런스가 숨어 있기도 하니까."

우리가 발을 딛고 있는 이곳 대자연보다 더 광활하고 고차원적인 하늘의 질서. 강수의 말에 어쩐지 나는 끝도 없이 더 더 더 작아지는 것만 같다. 스산해진 나는 창밖으로 잔뜩 흐려진 하늘을 올려다본다. 멀쩡하게 웃고 있던 나는 불안이 번개처럼 다시 번쩍이는 걸 알아챈다.

행복감에 잠시 잊은 듯했는데 이 순간에도 내 불안은 마음 깊은 곳에서 더 짙어지고 있었다. 불안감이 불안증이 되려는 것일까. 아직 이 감정을 병의 이름으로 부르고 싶지 않다. 감정이 병이 되는 순간 더 질기게 달라붙어 떨어지지 않을 것 같아서다. 스쳐 갈 감정, 곧 소모될 감정으로 대하자고 조바심을 냈다.

아까부터 밤이었는데 여전히 밤이다. 밤에는 화장실을 가는 일이 쉽지 않으니 계속 목마름을 참는다. 세 번쯤 한숨을 쉬고 샤워실로 갔다. 샤워를 마치고 나왔는데 어느새 비가 폭우가 됐다. 이토록 드넓은 캠핑장임에도 조명 하나 켜두지 않는 대자연의 나라에 박수를 치고 싶다. 나는 이 어두운 캠핑장에 불안을 뚝뚝 흘리며 걷는다. 즐기고 싶다는 생각이 나를 더 불안하게 하는 걸지도 모른다. 그럼에도 순간을 즐기지 못하는 내가 한심스럽다.

앞이 하나도 보이지 않아 우리 캠핑카를 찾지 못하고 빗속에서 계속 길을 잃었다. 슬리퍼를 신은 맨발이 무척이나 시렸다. 손에는 샤워 짐이 가득하고 젖은 수건을 뒤집어써서 캄캄한 데다 시야까지 좁다. 물 묻은 핸드폰에서 겨우 손전등을 켰다. 이게 뭔 사서 고생이냐 싶어 눈물이 핑 돌려던 찰나, 더디던 인터넷이 갑자기 터졌는지 인스타그램 디엠 몇 개가 주르륵 떴다. 핸드폰 액정이 빗물에 덮여 겹쳐진 메시지를 탭 해도 터치가 먹지 않는다. 이 와중에 나는 여전히 갈 길을 찾지 못했고, 빗속에서 어디가 어딘지도 알 수 없는 깜깜한 밤. 젖은 수건으로 액정을 닦고 다시 한번 메시지를 탭 해본다. 한국으로부터 일만 킬로미터쯤 떨어진 곳에서 흠뻑 젖은 채 웃음이 터진다. 나는…… 집에 가고 싶다.

너무 부러워. 항상 천국 같은 곳만 여행 다니는 유진! 좋겠다. ♡

샤워와   빗장

집에 가고 싶었던 아오라키의 밤에서 며칠이 지났고, 나는 지금 뉴질랜드 와나카 호숫가에 있는 한 캠퍼용 샤워실을 이용 중이다. 비눗기를 다 씻어내기도 전에 차가운 물이 쏟아져 나온다. 육 분만 허락되는 핫워터 사용 시간이 끝나버렸다. WHAT! 영어로 짜증을 내본다. 이것들이 진짜 지구를 위해서 이러는 거 맞나. 뒤늦게 영어로 된 안내문을 읽어본다. 앞으로 삼 분을 덜덜 떨면서 기다려야 다시 뜨거운 물이 나올 것이다. 지금 이곳의 기온은 영 도쯤. 감기 걸리기 딱 좋은 상황이구만. 짜증이 솟구치지만 별수 없다. 덜덜 떨고 있으니 어릴 적 다니던 뜨끈한 목욕탕이 절로 떠오른다. 김이 폴폴 나는 온탕 속으로 머리끝까지 잠기고 싶은 생각이 간절하다.

슬픔은 수용성이라는 말. 지금은 익숙해졌지만 예전엔 감정을 신체적 행위로 다스린다는 말을 이해할 수 없었다. 우울해지면 머리도 감지 못하고 하루 종일 침대에 누워 이 감정이 나를 까먹고 저절로 지나가기만을 기다렸다. 그게 더 우울하게 만드는 줄은 꿈에도 모르고 찝찝함까지 추가해가며 심연 속으로 나를 더 밀어 넣었다. 그저 필요에 의해 때가 되면 샤워를 하고 목욕탕에 갔을 뿐, 씻는 행위에 어떤 의도나 목적도 존재하지 않았다.

어릴 적엔 목욕탕에 가는 일이 우리 가족의 주요 나들이였다. 부모님은 학원을 운영했고, 엄마는 동네 목욕탕에서 학부모들 마주치는 걸 껄끄러워했다. 그래서 우리 가족은 시내의 대형 목욕탕이 몰려 있는 온천장으로 목욕을 다녔다. 일주일에 한 번 목욕탕 가는 날이 우리 가족의 고정적인 나들이 날이 되었다. 외투를 갖춰 입고 목욕 바구니 두 개를 만들어 택시 타고 온천장으로 가던 길. 화려한 네온사인들이 반짝이는 거리, 갯고둥과 은행을 파는 길거리 리어카들을 지나 곰장어 굽는 연기가 매캐한 온천장 골목에 들어서면 꼭 유원지에 놀러 온 듯 기분이 들떴다. 그 기분을 뒤로하고 목욕탕에 첫발을 디디는 일은 정말 싫었지만.

어두컴컴하고 숨 막히는 공기. 습기에 젖어 왕왕거리는 소음이 목욕탕 벽을 통통 튀어 다니는 곳. 욕탕에 첫발을 내딛을 때면 이끼가 가득 낀 대리석 상자 속에 기어들어 가는 기분이었다. 목욕탕의 공기는 내게 너무 후덥지근했다. 어린이답게 첫 입성이 힘겹긴 해도 잠시 축축한 바닥 위에서 앞뒤로 뒤집혀가며 때를 밀리는 굴욕만 참으면 언니와 냉탕에서 한참을 즐겁게 놀 수 있었다.

시내 목욕탕의 최대 장점은 커다란 냉탕이 있다는 점이다. 처음 보았을 때는 수영장인 줄 알았을 정도로 길고 컸다. 바가지 두 개를 겹쳐 두 팔을 내밀고 물 위에 엎드리면 몸이 저절로 물에 떴다. 몸이 날고 있다는 기분. 부유에 대한 첫 기억일 것이다. 까르르거리는 웃음소리가 벽을 타고 빙빙 돌아다녔다. 목청이 왜 이렇게 크냐고 아줌마들이 자주 주의를 주곤 했다. 둘이서 둥둥 떠다니며 인어공주 놀이를 한참 하다가 엄마가 찾으러 오면 온탕으로 옮겨갔다. 파래진 몸을 갑자기 뜨끈한 탕 속에 담그면 내가 까만 잉크가 되어 뜨겁게 번져가는 기분이었다. 불쾌한 것인지 아늑한 것인지 도무지 알 수 없는 그 기분. 끓듯이 보글거리는 온탕에 누워 물방울이

고드름처럼 고여 있는 목욕탕 천장을 바라보면 지금 내가 누구고 이곳은 어디인가, 현실이 아득해지기도 했다. 비누칠을 마지막으로 하고 깨끗한 물로 몸을 헹구면 목욕이 끝났다. 여탕에서 나오면 아빠가 로비에서 기다리고 있었다. 손을 들고 반갑게 우리를 맞을 때도 있었지만 대부분 왜 이렇게 오래 걸렸냐며 화를 냈다. 그도 그럴 것이 아빠는 삼십 분이면 끝나는데, 엄마와 어린 딸들은 두 시간은 기본이었으니까. 그래도 딱히 시간 약속은 하지 않았고 아빠는 매번 그냥 기다리고 조금 화를 냈다. 목욕을 마치고 나면 뽀얗고 쪼글쪼글해진 손을 달고서 항상 '돈까스의 집'이라는 오래된 경양식 식당에 갔다. 메뉴도 늘 같았다. 아빠는 비후까스, 우리는 까만 철판에 나오는 뜨거운 함박스테이크. 함박이 햄버거라는 뜻인지, 비후가 비프라는 뜻인지도 모른 채 그저 내 몸에서 솔솔 나는 깨끗한 비누 냄새를 맡으며 함박 소스가 스며든 달달한 감자 샐러드를 먹는 일이 너무나 행복했다.

목욕탕에 첫발을 들이는 순간은 싫어도 목욕탕에 갔던 날은 기분 좋게 떠올리는 이유다. 그때는 그 행복감이 싫어하는 일을 끝낸 해방감인 줄 알았다. 이제와 생각해보니 그건 묵은 때를 벗겨내 뽀드득해진 인간이 느끼는 본능적인 개운함이었던 것 같다. 쓸데없는 감정의 군더더기마저 모두 씻겨 내려가 한 꺼풀 맑아진 느낌. 지금은 씻는 순간을 더 소중하게 여길 줄 아는 어른이 됐다. 가장 사적인 이 의식을 위해 마음에 드는 향의 바디워시를 찾으려고 노력도 해보고, 가끔은 꽤 큰돈을 쓰기도 한다. 망설이다 비싼 바디워시를 사고 미쳤다며 후회를 하다가도 막상 손안에서 거품이 될 때는 만족스러워하는 나를 발견한다. 이건 아무도 모르게 나만을 위해 부리는 사치. 이 비밀스러운 순간이 내가 살면서 스스로를 편애한다고 느끼는 유일한 때다. 샤워할 때 맡는 향기가 그날의 기분을 좌우하기도 하니까. 내 기분을 사는 값으로 이건 아주 가성비가 좋다. 가끔은 목욕용품을 풀어둔 욕조에 몸을 완전히 이완시키고 나와서는 개운해진 마음을 만끽한다. 머릿속이 복잡할 때도, 우울할 때도 가장 먼저 욕조를 처방한다. 그러니 내게 집이건 여행지건 욕실은 참 중요한 곳이다. 낯선 곳을 옮겨 다닐 때마다 가장 긴장되고 적응이 힘든 곳이기도 하다.

날도 추운데 캠핑장에서 매번 꽤 먼 거리의 샤워장까지 이것저것 챙겨 다니는 비효율적 동선 때문에 너무 귀찮다.

샤워용 슬리퍼를 깜박하고 운동화로 샤워실에 와서는 맨발로 남의 머리카락이 쌓인 샤워실을 이용하게 된 사태에 마음이 급격히 얼어붙었다. 게다가 더러운 물이 고인 화장실 바닥에 수건을 떨어뜨려 인상이 있는 대로 찌푸려졌다. 으엉, 신이시여, 제발! 두꺼운 외투부터 속옷까지 한 겹씩 벗어 샤워실 문고리에 산처럼 쌓아 올려가며 맨몸이 되는 과정도 모두 손가락 하나로 진저리를 치며 해결한다.

드디어 육 분간의 샤워를 다시 시작한다. 에코라고 쓰인 파란색 버튼을 누르자 용암같이 뜨거운 물이 쏟아진다. 그 물을 온몸으로 받는다. 후, 하고 작은 숨이 터져 나오며 얼어붙은 몸이 단번에 녹아내린다. 찌푸린 미간도, 몸에 덕지덕지 달라붙은 언짢은 마음도 물줄기를 타고 하수구를 향해 조르륵 미끄러져 내려간다. 옹졸하고 딱딱하게 잠겨 한껏 내외하던 마음의 빗장이 비로소 스르르 열림을 느낀다. 어디에서건 간에 몸을 깨끗이 씻고 나면 그곳에 대한 경계심이 일부 사라진다는 신기한 사실에 대해 생각한다. 이내 나는 바닥에 떨어져 있던 남의 머리카락까지 슥슥 치워버린다. 그러자 샤워장이 한결 익숙하고 편해진다. 이제 와서 보니 이 샤워장도 꽤 시설이 좋은 편이다. 적응이 좀 됐다고 육 분 안에 머리 감기, 비눗기 제거, 완벽 헹굼까지 해내며 콧노래를 부르고 있다. 가장 사적인 행위를 먼 타국의 새로운 캠핑장에서 개운하게 마친다. 이곳의 한 겹 안으로 들어온 순간이다. 이 땅의 물로 한번 헹궈지고 나서야 나는 비로소 이곳에 머무는 사람이 된다.

나의   불량함은

배를 꼭 끌어안고 오른쪽으로 누웠다. 왼쪽이다 오른쪽이다 말이 많은데 오늘은 오른쪽으로 누웠다. 요 며칠 위하수 증세가 심해져 소화가 안 되는 탓이다. 뜨겁게 데운 찜질팩도 안았다. 제발 괜찮아져라……. 이럴 때 나는 배 속에서 끝도 없이 커지는 돌을 삼킨 기분이다. 돌은 목 끝까지 닿을 듯 커져서 조만간 펑, 하고 터질 것만 같다. 소화제로는 절대 나아지지 않는다. 병원에 가도 위하수나 위무력증은 병으로 쳐주지도 않는 탓에 이렇다 할 치료법도 마땅히 없다.

아침을 꼭 든든히 먹어라, 규칙적인 시간에 세끼를 챙겨라, 과일을 갈아 마셔라, 따뜻한 차로 하루를 시작해라, 식사

후에는 걷거나 움직여라……. 우습게도 구태의연한 건강
상식들을 따라 했던 날에는 늘 알 수 없는 소화불량
증세에 시달렸다. 이유를 모를 때는 상식적이지 않은
몸의 반응이 의아하기만 했다. 아침에 과일을 조금 갈아
먹었다가 위장이 딱딱해지고 밤까지 소화가 안 되거나,
친구들 따라 러닝을 했다가 며칠째 숨쉬기가 버거울 만큼
과식한 기분에 시달리는 식이다. 무서운 것은 부풀어
오른 배를 잡고 괴로워하며 제대로 먹지 못해도 다음 날
무거운 몸만큼 체중도 늘어 있다는 것이다(위장 장애를 지닌
대부분의 사람들과는 정반대라서 가장 열받는 부분이다). 이런
말도 안 되는 증상에 무슨 답이 있을까.

전전긍긍하다 몇 번째 위내시경을 했을 때 들은 이야기가
"그냥 위 모양이 소화가 안 되게 생기셨네요"였다.
위하수나 위무력증으로 부를 수 있는 증세라고도 했다.
"위, 하수요?" 붙여진 이름만 들어도 하수 같고 무력한
기분이 들었다. 게다가 그냥 그렇게 생기셨다니. 내
위장이 면접도 보기 전에 서류심사에서 떨어진 것마냥
자존심이 상하는 말이었다. 위가 작고 힘이 약해서
음식을 먹으면 장기 아래로 위장이 처지는 증상. 음식이
위장에서 소장으로 잘 넘어가지 못하고 계속 고여 있어

복부팽만이나 만성 소화불량에 시달리는 증상이란다.
그래도 이런 이야기를 해준 건 그 의사가 처음이었는데
궤양이나 염증이 아닌 이상 뭔가 그런 걸 병으로 부르기는
어렵다는 듯 가볍게 말했다. "평생 본인에게 맞는 관리법을
찾아 관리하는 수밖에요."

오늘도 여전히 찜질팩을 대고 한쪽으로 누워 있을 뿐, 아직
딱 맞는 관리법은 찾지 못했다. 평소에는 잘 먹고 지내니까
완전히 잊고 있다가 이따금씩 걷잡을 수 없이 이 증세에
잠식되곤 한다. 오래전 진단받았던 그날, 알 수 없던 내
증세에 굴욕적이지만 하수라는 병명이 붙었을 때는 그래도
어딘가 시원한 기분이었다. 이유를 모르던 증상들을
하나하나 맞춰볼 수는 있었으니. 아, 이래서 내가 이랬구나.
어릴 적에 대식가인 가족들과 뷔페를 갔다가 많이 못
먹는다고 혼났던 날, 지지 않으려고 더 먹었다가 일어서지
못하고 폴더폰 펴다 만 것처럼 반쯤 엎드려 나왔던 기억.
사람들을 따라 꼬박꼬박 정확한 시간에 세끼 식사를
하려다가 앓아누웠던 기억. 끼니를 건너뛴 날 갑자기
소화불량이 되는 상황이라던가. 어느 순간 배고픔을
아예 느끼지 못하고 무감각해져 오히려 폭식하게 될 때도
있었다. 때때로 맵고 자극적인 음식을 먹고 나서 말도 안

되게 나아지기도 하는 등 내 증세는 도통 규칙이랄 게 없었지만, 증세의 이름을 알게 된 것만으로도 그간 헤맸던 시간들이 조금은 위로를 받는 듯했다.

내 증세를 이해하지 못했던 사람들은 나를 다그치며 규칙적인 생활을 하지 않아서 그렇다고, 자극적인 음식을 먹어서 그런 게 아니냐고, 식사한 다음에는 걸으라고, 과일을 더 먹으라고, 아침에는 요거트를 먹는 게 좋다고 최선을 다해 자신들이 해본 것 중 좋은 것을 권했다. 하지만 나에게는 모두 아니었다. 점점 더 괴로워질 뿐이었다. 내 위장은 무력하며 고수가 아니고 하수였으니까. 그것들은 내게 아무런 효과도 없다는 사실을 알아채기까지 아주 오랜 시간이 걸렸다. 오히려 아침에 무리하게 먹지 않아야 하고, 배가 고플 때까지 신호를 기다렸다가 음식을 섭취하는 것이 좋고, 식후에는 걷거나 바로 움직이지 않고 엎드려 배를 마사지하거나 옆으로 눕는 것이 낫다. 때로 차가운 음식은 내게 독약 같다. 차가운 기운의 차 종류도 마찬가지다. 그러니 찬 과일을 갈아 먹거나 녹차로 하루를 시작했다가 앓아눕기도 했던 거였지. 이렇듯 복잡하고 교묘하게 세상의 통념과 나는 다른 길에 서 있던 것이다.

며칠을 꼬박 앓았는데도 이번엔 도무지 나아지지 않는다. 가만히 배를 안고 누워 무기력한 나 자신을 본다. 요즘에 나는 앨범 작업도, 글도, 공연 준비도 무슨 일이든 도통 소화해내지 못한다. 그러니 음식인들 다를까. 들어보면 배 속에서 막힌 배관마냥 꼬르륵 물소리가 난다. 작게 돌아가는 모터 소리 같기도 하다. 내 배 속에 끙끙대며 모터가 돌아가는 조그만 방이 있는 것만 같다. 타인들과는 다른 시계로 흘러가는, 세밀하고 까다로운 규칙이 적용되는 방. 수틀리면 언제든 모터를 멈추고 방문을 닫을 준비가 되어 있는 방. 내 방의 규칙을 너무 늦게 깨닫고 아무렇게나 쓴 탓에 이렇게 벌을 받는지도 모른다.

앞으로는 불필요한 오지랖을 줄여야겠다고 다짐한다. 모두가 확신을 사고 팔고 싶어 하는 것 같은 요즘, 내가 확신을 말하기 어려운 이유다. 내 위장이 일반적인 다른 규칙을 받아들이지 못하는 것처럼 누구에게나 세상의 룰과 반대로 움직이는 이상한 점이 있을 거란 생각 때문에. 세상 사람들이 장기 모양까지도 다 제각각인데, 모두에게 적용되는 보편적 정답이란 게 과연 존재할 수 있을까.

이를테면 해외 필수 쇼핑 리스트 같은 것들만 해도 그렇다.

스페인에 갔을 때 반드시 지인 선물로 뚜론(엿과 누가 식감 사이의 디저트)을 사야 한다는 어느 가이드의 강요에 가까운 권유에 울며 겨자 먹기로 캐리어 가득 사왔지만, 나와 가족들 입맛에 전혀 맞지 않았던 것처럼. 뚜론은 우리 집 냉장고에서 몇 달을 굴러다니다가 버려졌다. 친구들은 맛있게 먹었을까? 끝내 그 의문을 거둬들이지 못했지만 물어보지도 않았다. 나의 수고를 생각하면 차마 새드엔딩을 확인할 수 없어서. 일본에서는 할인잡화점 돈키호테에서 꼭 사야 한다던 초콜릿도 고개를 갸웃하게 만드는 맛이었고, 호주에서 필수템이라던 립밤도 내게는 향기부터 독해서 제대로 쓰지 못했다. 나에겐 변두리템도 못 되는 것들이었다. 이쯤 되면 '필수 쇼핑' 콘텐츠가 넘쳐나는 요즘, 그 '필수'라는 개념 자체에 의문을 품어야 하는 건 아닌지.

'광고 아니고 이건 무조건 내 인생템이야. 꼭 사야 해 언니들!' 이름을 걸고 강력 추천하는 유튜버들의 화장품들도 내 피부에는 대부분 맞지 않았고, 한때 유행하던 미라클 모닝도 수면 부족과 집중력 저하, 피부 트러블만 가져왔을 뿐이다.

이러니저러니 해도 결국 나는 여행지에선 빈티지마켓이나 문구점에서 가장 만족감을 느끼는 사람이고, 아침엔 10시 반쯤 일어나 뜨끈한 물 한 잔과 일기를 쓰며 시작하는 하루가 나다운 삶이라는 걸 안다. 남들이 만들어둔 목록을 따라가며 익숙한 선택지에만 머문다면 이유도 모른 채 평생 소화불량에 시달려야 할지도 모른다. 이만큼이나 산 사람이 늘 의외의 선택을 한다는 건 도전처럼 느껴지기도 하지만, 해보지 않은 일들은 있을지언정 막상 해보고 후회한 일은 없었다. 늘 인터넷으로만 편하게 고르고 주문하던 책도, 작은 책방을 찾아가 실물을 확인하고 손으로 직접 만지고 넘겨보는 것만으로 완전히 다른 선택을 하기도 하니까. 낯선 길을 걸어봐야 내 지도에도 새로운 길이 생겨난다. 그렇게 나라는 인간의 고유한 빛을 받으며 경험의 줄기가 자라나고, 나만의 취향과 해답이 식물처럼 뻗어 나가는 것이겠지.

이 와중에 입맛은 멀쩡해서 먹고 싶은 것들을 하나하나 눈앞에 띄워본다. 반쯤 먹다 냉동실에 넣어둔 소금빵을 생각하다가 녹음하다 만 노래 한 토막이 떠올랐다. 아무래도 좋은 스튜디오에서 녹음해야겠지 싶었던 마음이 갑자기 사그라든다. 이 곡은 집에서 편하게 녹음하는 게 더 어울릴 것 같다는 생각이 골골대는 배 속 모터 소리와 함께 떠올라서다. 깔끔하게 결점 없는 보컬을 담는 것은 작업자의 당연한 사명이지만, 가끔은 음질이 떨어져도 내 방에서 조용히 감정이 차올랐을 때 녹음하는 게 좋다. 그런 생각이 들 때는 그렇게 하는 게 늘 좋았다. 나는 약간의 틈에서 나오는 의외의 것들을 사랑하니까. 그럼에도 어느 순간부터는 자주 그렇게 하지 못했다. 그냥 그게 내 아집에 불과한 것일까 봐. 더 나은 선택지를 두고 애써 돌아가는 것일까 봐. 최선을 다해 그 마음을 누르고 선회했다. 결과물에 실패가 없다는 것, 시행착오가 없다는 것은 안전하고 유혹적이니까. 약간의 미지근한 마음을 안고 모험을 접어두던 순간부터 난 계속 소화불량이었을지도 모른다.

음, 이번 노래는 다시 집에서 녹음해봐야지. 의외로 순순히 그냥 그렇게 결정해버렸다. 엔지니어들이 소스 상태가 별로라고 한 소리 할 수도 있겠지만 그냥 그렇게 결정했다. 나에게만 유효한 룰을 치열하게 찾아가는 것이 삶 아니겠어? 이런 게 어른이지. 골골대는 위장이 결국 신곡 녹음까지 결정하게 하다니 역시 세상에 허투루 일어나는 일은 없다. 군것질을 못 하니 심심해서 뻗어나간 생각인

줄도 모르고 이건 신이 준 표지라며 잠시 신나 한다.
내일부터는 당분간 따뜻한 것만 먹어야겠다고 다짐하며
왼쪽으로 돌아눕는다.

무지개 별과   용궁 사이

커피 한 잔을 내려 작업 준비를 하는데 무릎 위로 설탕이가 자연스레 올라온다. 내 팔에 기대며 자기 자리를 단단히 잡는 모습이 익숙하다. 깊숙이 품을 파고들어 잠들 자세를 취한다. 길쭉한 놈이 무릎에 자리를 펴려니 내가 엉덩이를 받쳐주지 않으면 미끄러진다. 요놈 봐라. 팔 하나를 이 녀석을 감싸안는 데 쓴다. 작업에 필요한 손 하나를 잃는 순간이다. 해야 할 일을 못 해 짜증이 나다가도 얇은 선들로 채워진 무심하고도 동그란 얼굴을 들여다보면 세상에 어떤 질문도 필요하지 않은 기분이 되곤 한다. 평생 개와 인연이 깊어서 고양이를 키우게 될 줄은 몰랐는데…… 난데없이 말썽쟁이 고양이와 함께하게 된 걸 보면 정말이지 인연이란 따로 있나 보다.

형부가 아기 고양이를 길에서 데려와 우리 집에서 잠시 임시보호를 하기로 했다. 그리고 얼마 안 가, 찬이와 나는 평생의 책임보다 한순간의 작별을 더 버거워하는 사람이란 걸 받아들이기로 했다. 프림이 외에 더 이상의 반려동물은 없다던 우리의 결심은 갑자기 등장한 새로운 인연으로 무너지고 만 것이다.

이렇게 될 줄 알았지. 의자 아래에는 프림이가 의자 프레임에 얼굴을 괴고 잠들어 있다. 꼼짝없이 의자를 움직이지도 팔을 쓰지도 못하는 상태로 자리에 갇혔다. 이렇게 반려동물에게 침범당하는 꼴이 어이가 없어 피식 웃음이 나온다.

얼마 전 모 일간지의 '나의 반려일지'라는 시리즈 기사 인터뷰에 응했다. 처음엔 요즘 논란인 유아차를 타고 다니는 강아지나 펫문화에 대한 이야기를 가볍게 나눌 요량으로 승낙했는데, 주된 초점은 예상외로 펫로스에 맞춰졌다. 덕분에 함께했던 녀석들을 떠올리며 지나간 세월 속 깊이 묻어둔 슬픔을 다시금 마주해야 했다. 그때의 내가 얼마나 슬펐던가. 오래전 그날들을 떠올리면 인간이 그만한 강도의 슬픔으로부터 자연스레 멀어질 수 있다는 사실이 신기하게 느껴진다. 마치 오려내 동떨어진 기억 같다. 슬픔의 시간을 견딘 내가 다른 차원의 누군가처럼 느껴질 정도로.

반려동물과의 이별을 말하자면, 십육 년간 함께했던 나의 첫 반려견, '지킬 수守'로 시작하는 이름의 수롱이가 떠오른다. 아빠가 집 잘 지키라고 지은 이름이었는데 이름값을 했다. 함께 자자고 끌어안아도 제 발로 현관문 앞에 가서 잠을 자고, 몇 번이고 도둑이 들 뻔한 것을 알아차리고 막아준 든든한 녀석. 내가 성인이 되어 고향 집을 떠나 있다가 몇 년 만에 만난 수롱이는 막냇동생에서 할아버지가 되어 있었다. 용맹함도 사라지고 힘이 빠진 다리로 걸어 다니며 휘청이던 모습. 청력도 잃어 이름을 불러도 평온한 얼굴로 자던 모습. 그 모습을 보며 반려견의 생애가 인간의 몇 배나 빠른 속도로 흐른다는 걸 처음 알게 되었지. 할아버지 개가 되고 한껏 순해진 녀석과 베란다에 함께 앉아 자주 하늘을 올려다봤다. 수롱이는 아마 십육 년보다 더 오래 살 수도 있었을 것이다.

노견들이 대부분 그러하듯 수롱이도 작은 발병으로 갑작스레 건강이 악화되고 그 길로 이별을 하게 됐다.

반려동물과의 첫 이별이었다. 내 주위의 모든 공간, 지난 나의 모든 나날에 잔상이 남았다. 집 안 풍경이 처음 보는 것처럼 낯설었다. 수롱이가 없는 방, 수롱이가 없는 화장실, 수롱이가 없는 식탁 옆. 채워지는 것보다 비워지는 것의 존재감이 훨씬 막강하다는 것을 수롱이는 사라짐으로써 조용히 알려주었다. 그렇게 수롱이는 나에게 자신이 가진 모든 계절을 주고 떠났다.

수롱이뿐 아니라 복동이도, 바나도 동동이도 각자 더없는 아픔과 사연을 간직한 채 마지막을 보냈다. 유기견보호소에서 긴급 구조해 십 년 넘게 키웠던 바나를 급성췌장염으로 떠나보내면서 생각했다. 바나의 소소한 버릇이나 표정, 특유의 사랑스러움은 세상에서 오로지 나밖에 모르겠구나. 너의 세상엔 오직 나뿐이었구나. 반려동물을 키운다는 것은 피었다가 조용히 사라지는 한 우주의 유일한 목격자가 되는 일이구나.

즐거웠던 순간도 그리움이 되면 일부는 슬픔이 된다. 반대로 슬픈 순간이 그리움이 되면 그 안에 약간의 미소가 스며들기도 한다. 세상의 모든 감정은 그렇게 서로 조금씩 거들며 결국 하나의 고리처럼 맞물린다. 슬픔이 그리움이라는 속성으로 전환될 때까지는 아주 오랜 시간의 물결을 타고 떠내려와야 하지만 이제 나는 그 녀석들을 조금 웃으면서 떠올릴 수 있다.

키우던 강아지를 떠나보낼 때 흔히 쓰는 '무지개다리를 건너다'라는 말은 스코틀랜드 작가 에드나 클라인-레키의 시에서 유래했다고 한다. 그 시에서는 사랑받던 동물이 죽으면 무지개다리로 가 아픔에서 회복하고 따스한 햇살 아래 평화로운 초원을 뛰놀며 주인을 그리워한다. 시간이 지나 주인도 생을 다하면 마중을 나와 함께 무지개다리를 건너간다는 이야기다. 개만 키웠을 때는 몰랐는데 무지개다리만 있는 게 아니라는 사실도 우연히 누군가가 쓴 글을 보며 알게 됐다.

"우리 포뇨…… 어제 용궁 갔습니다."

아, 이 슬프고 짠하면서도 귀여운 마음을 어떡하리. 어항 속 물고기를 아끼던 사람들은 용궁으로 보내는구나. 고양이는 고양이별로 떠나고, 햄스터는 해씨별로 간다고 하지. 나는 이 이야기가 왜 이렇게 포근하고 안심이 되는지 모르겠다. 우리가 함께한 존재들을 아픔 없이 가장 아름다운 곳으로 보내주는 그 이야기. 함께한 존재를 가장 평화롭고 따뜻한 곳으로 보내준 사람들은 언젠가 그리움으로 가득한 빈자리를 손길이 필요한 새로운 생명에게 내어줄 것이다. 수롱이와 복동이 자리에 바나와 동동이가 들어왔듯이. 또 그 자리에 프림이와 설탕이가 들어왔듯이.

툭하면 무릎 위로 올라와 자리를 잡는 설탕이와 궁둥이를 붙이고 앉는 프림이. 깊숙하게 온기로 침범해오는 존재들에게 속수무책으로 자리를 내어주면서 나는 신기하게도 안심 같은 것을 선물 받는다, 수시로. 촉촉한 코끝이 피부에 닿을 때, 보드라운 털에 얼굴을 파묻을 때, 손끝에서 만져질 듯 따스하고 포근한 감각이 몽글몽글 피어난다. 반려동물을 키워보아야 깨어나는 조금 다른 영역의 감각이 있는 것만 같다. 그 감각이 내 납작한 일상에 묵직한 부피감을 만든다. 언젠가 그리워하게 될 순간이라는 것을 알아서일까. 나는 이 안심과 함께 비로소 '함께 산다'는 의미를 이해하게 된다.

오늘의 프림이

Everyone will die
모두 언젠가는 죽는대요
Will you be the same
당신도 그렇겠죠?
Kitty and puppy too, some day
고양이도 강아지도 언젠가는

I love eating foods
맛있는 음식 먹는 게 좋아요
I love patting my head
머리를 쓰다듬어주면 좋아요
I love sleeping in your bed
당신의 머리맡에서 잠드는 것도요

When I grow a little more
내가 좀 더 자라면
Will I be a lion
사자가 되나요?

Regardless of what I'll be
내가 무엇이 되든

I'll keep you safe
당신을 지켜줄게요.
Every time I take a walk
산책할 때마다
I'll look back on you often
자주 뒤에 있는 당신을 돌아볼게요

When the wind blows
바람이 불어오면
Plz stay with me
내 곁에 있어주세요
By my side
내 곁에
I'll walk with you.
내가 함께 걸을 거예요
I'll sleep with you always
함께 잠들 거예요 당신과

프롬/권영찬 작사 · 작곡, EP앨범

《Cellophane》(2020) 수록. KOMCA 승인필.

차가워지지   않는 것은

치열하게 청춘을 보낸 동네로 다시 돌아왔다. 살아온 곳은 대부분 내가 선택했다기보다 당시 내가 가지고 있는 재산과 벌이로 월세 내며 살기에 적당한 곳이었다. 아니면 계약이 끝나는 시점에 그 적당한 살림을 유지할 수 없어서 좀 더 먼 곳으로 밀려나거나, 거기서 좀 더 밀려나거나, 더 이후에는 흩어진 가족들과의 유대 혹은 편의를 따라 이삿짐을 옮겼다. 여러 곳을 전전하며 살았지만 어느 곳에 살더라도 늘 그리워했던 동네는, 우리 가족이 함께 서울에서 첫 삶을 시작했던 그 동네였다.

그리고 마침내, 다시 그곳으로 돌아왔다. 이제는 나의 새로운 가족들과 함께. 그간 치열하게 살아낸 보상으로 내가 살 동네를 스스로 선택할 수 있게 되었다는 것이 뿌듯했다. 짝꿍이 생긴 덕에 같이 빚을 질 자격도 생겼고.

이사 직후 산처럼 쌓인 짐 더미 속에서 입술이 허옇게 마른 채 정리만 하고 있던 몇 날 며칠. 아무리 씻어도 앞머리에 금세 기름이 낄 정도로 우리는 체력을 극한까지 짜내고 있었다. 아아 더는 못 해, 산송장처럼 아이고 나 죽네, 외치며 옷 더미 위로 한 명씩 돌아가며 쓰러지던 겨울밤이었다.

계속 배달만 시켜 먹었더니 물리기도 하고, 안 그래도 정리할 것투성이인 집에 주렁주렁 달고 오는 배달 쓰레기들을 치우는 것도 신물이 났다. 문득 이사 전에 찾아놓았던, 집에서 십 분 정도면 걸어갈 수 있는 이자카야를 생각해냈다. 예상했던 대로 그 식당 음식은 너무나 맛있었고, 착하기까지 한 이 동네 물가에 만족감이 차올랐다. 저번에 살던 곳에는 핫플이라고는 페리카나 하나밖에 없었는데. "이제 걸어서 이렇게 맛있는 숙성 회를 파는 곳에 올 수 있어! 어떻게 생각해?"를 외치며 찬이의 목을 잡고 흔들었다. 찬이는 힘없이 흔들리며 너무 행복하다고 외쳤다. 행복감을 자제하지 못하고 지나친

과식을 한 채 이자카야 문을 열고 나섰다. 십 분 정도 다시 걸어 집으로 돌아가는 길. 올 때는 너무 배가 고파 그냥 홀렁홀렁 뛰어왔는데 배가 좀 차고 정신을 차린 후에야 우리가 깊은 겨울 속에 있음을 알아챘다.

그동안 집 안에만 처박혀 있느라 우리는 지금 바깥이 겨울인지, 기온이 몇 도인지조차 모르고 있었구나. 밤이 깊어지자 기온은 그새 더 떨어진 모양이다. 골목길의 물웅덩이는 군데군데 얇게 유리막을 덮어둔 듯 투명하게 빛났다. 텅 빈 거리에서 미끄러지지 않게 종종걸음을 치는 동안 익숙한 듯 낯선 십 년 만의 풍경을 바라본다. 아주 오래된 기억들이 내 눈앞에 수시로 풍경이 되어 겹친다.

그다지 두껍지도 않은 외투를 입고 급하게 뛰쳐나온 우리에게 영하 십삼 도의 칼바람이 파고든다. 체감온도는 거의 영하 이십 도에 육박한다. 너무 춥다. 십 초도 밖에서 걸어선 안 되는 수준의 추위다. 어깨를 잔뜩 움츠린 채 거의 찢어질 만큼 옷을 질끈 잡아 몸에 휘감고 냅다 뛴다. 숨이 차 가쁜 숨을 몰아쉬는데 기도를 따라 내 몸에 간직한 수분들이 얼음길을 만드는 듯한 기분이다. 바람이 불 때마다 찬이가 으악! 내가 으악! 우리는 돌림노래처럼 비명을 지른다. 나는 이 순간이 너무 우스워서 막 웃는다. 참 이상하지. 이렇게 춥고 고통스러운 순간인데도 마음의 가장 깊은 곳은 차가워지지 않는다니. 여전히 따뜻하게 지켜진다. 이제 이곳에서 다시 시작될 내일에 대한 기대가 뜨거운 불씨가 되어 내 안을 데우는 것일까. 혈류가 바쁘게 도는 것이 느껴진다. 뼛속까지 스며드는 추위에 굴복하지 않는 팽팽한 생체 반응에 내가 살아 있다는 것을 새삼 감각한다. 이렇게 또 나는 살아서 이곳을 걷고 있구나.

거리마다 떠오르는 기억과 이상한 감각 때문에 내 속은 자꾸만 뭉클뭉클 부풀어 오른다. 아무도 모를 나의 찌질하고 우습고 행복했던 기억들. 나를 스쳐 간 많은 사람들. 그 거리를 지났던 수많은 나의 과거와 함께 그 길을 걷는다. 마음 한편에서 여름의 기억이 깜빡이는 것만 같다. 이건 어쩌면, 지금 이 계절을 버틸 수 있게 하는 내 마음의 온도 같은 것. 겨울 같은 일상을 살아내는 동안에도 이 마음이면 괜찮을 것만 같다. 어떤 일이 있어도 이 마음이라면. 추위의 한복판에서도 나는 여름의 한 조각처럼 걸음을 옮긴다. 얼음으로 뒤덮인 세상을 지나면서도 나만의 계절을 지켜낼 수 있는 사람처럼.

건물 사이 빌딩풍을 맞으며 또다시 비명을 질렀다. 나는 얼어붙는 숨을 쉬며 다시 웃고, 펄럭이는 옷깃을 움켜쥔 채 뛰고 또 걸으면서, 끝끝내 차가워지지 않는 나를 본다.

차가워지지 않아

오, 겨울이 오던 밤을
우린 알아채지 못했지
넌 말없이 뛰어가다
깜짝 놀라 웃어댔었지

얇은 점퍼 속에
숨어드는 맘과 우리의 호흡은
얼어붙을 것만 같았고

밀려드는 것은 영하의 언 바람
그래도 우리는 차가워지지
차가워지지 않아

오, 겨울이 오던 밤을
우린 알아채지 못했지

오, 텅 빈 이 거리가
쓸쓸하지만은 않았네

투명해진 거리를 살금살금 걷자
움츠린 어깨가 깨어질 듯 위태로워도

밀려드는 것은 영하의 언 바람
그래도 우리는 차가워지지
차가워지지 않아

이 겨울의 끝이 보이지 않아도
결코 우리는 차가워지지
차가워지지 않아

프롬 작사 · 작곡(2024).

영원 같은   밤에

새벽 3시. 헤드폰을 끼고 기타 리버브 종류를 뒤적인다.
Am-G 코드의 단순한 하강과 상승을 오가며 숨죽여
소리 사이의 소리를 듣는다. 멀리 뻗어가는 소리의
꼬리와 다음 음으로 가기 전의 정지된 공간을. 정지되지
않는 정지의 순간을. 그 안에서 나는 어디로도 가지
못하고 소리의 블랙홀 속으로 떨어지는 것처럼, 새벽
내내 여음을 들었다.

밤새 꺼지지 않는 네온사인이 창유리에 얼룩덜룩 옮겨
다닌다. 그것을 바라보며 나는 다시 기타의 코드를
울렸다. 나의 청춘이 짐을 싸서 도망치는 장면을 보면서.

J에게,

어떤 밤은 견디기 힘들 만큼 무거워. 온 새벽을 떠받친 채 마음이 짓눌려서. 이불을 걷어차도 열이 떨어지지 않아 밤새 얼굴이 심장처럼 두근댔어. 그러니까 그때의 나는 나를 존재하게 하는 시스템의 여러 게이지가 제로에 가까워 빨간불을 깜빡이던 상태, 아무리 충전을 해도 금세 발열해 순식간에 방전이 되어버리는 이상한 상태였지.

함께해왔던 회사와의 이별이 다가오며 한꺼번에 몰아친 수많은 일들 속에서 가장 충격이었던 것은 이거였어. 지금껏 나의 일부를 오려가며 만든 작업물의 주인이 내가 아니라는 것. 이는 음반 시장에서 흔하다면 꽤 흔한 일에 속했지만, 내 현실을 뒤늦게 깨닫고 받아들이는 것은 막막하고 버거웠어. 나는 내가 늘 자격 이상의 것을 요구하지는 않았나 미안해하기만 했잖아. 우리 고향 사람들은 대부분 늘 필요 이상으로 미안해하면서 살잖아. 나도 한동안 그게 잘 안 고쳐졌어. 그렇다면 나는 지금껏 뭘 한 걸까?

그때 처음 나를 객관적인 시선으로 찬찬히 들여다보게

됐어. 손에 가진 것은 아무것도 없는데 회사를 나오면 서른이 훌쩍 넘는 나이. 네 장의 앨범. 누군가 내 이름을 스트리밍 사이트에 검색해보고 '우와 노래가 이렇게 많아요?' 하고 뒷걸음질 치며 팬이 되기를 포기할지도 모르겠다. 나는 누군가를 지치지 않고 좋아해본 일이 있었나? 많은 앨범을 낸 아티스트의 새 앨범을 실망하지 않고 꾸준히 사랑해본 적이 있었나? 정작 누군가를 사랑하는 데 인색하면서 사랑을 갈구하는 나는, 사랑받을 자격이 있는 사람인가? 나에 대해 자주 반문하게 됐어. 이제 내가 새로운 앨범을 내도 들어줄 이들이 있을지, 이미 한철 지나가버린 사람으로 남겨진 건 아닌지 알 수 없다는 생각이 들었지. 뾰족한 불안을 옷처럼 입으면 작은 바람에도 쉽게 상처가 생겨. '젊은 여성 뮤지션'에서 앞의 수식이 빠지면 나는 어떤 존재가 되는 걸까?

그 전에는 순진하게도 그런 질문을 해본 적이 없었어. 젊고 예쁨을 오래 유지해야, 무대에서 어떤 욕망이든 끌어낼 수 있어야 뮤지션으로서의 생명력을 지속하게 되는 것이었을까. 그때부터 내 몸과 마음은 무너져 내리기 시작했어. 밤새 열이 떨어지지 않아 피부는 염증으로 들끓었고 한 번도 본 적 없는 퉁퉁 부은 낯선 얼굴을 마주할 때마다 혐오와 좌절이 함께 왔지. 계속 이런 상태면 어떡하지, 하는 조급함은 충동적인 행동으로 번져갔어. 피부염이 심각하게 진행 중인 얼굴에 온갖 시술을 큰 고민도 없이 쏟아부었어. 휘황한 거리에는 더 경쟁력 있는 아름다운 외모를 가지라며 발 닿는 곳마다 커다란 낚싯대가 드리워져 있었고 나는 아무런 선택권이 없는 사람처럼 그것에 낚여들었지.

한참을 앓은 끝에 피부의 열감은 가라앉았지만 그사이 나는 마치 다른 사람이 되어버린 것 같았어. 부풀었다 김이 빠진 풍선 같은 얼굴을 마주 보면 나는 눈빛조차 이전의 내가 아닌 것 같았어. 마치 가장 소중했던 무언가를 잃어버린 사람처럼 보였지. 그 무렵 사람들이 나를 대하는 방식이 묘하게 달라졌다는 느낌에 자꾸 움츠러들었어. 세상을 보는 내 시선과 의식이 달라진 거였는지도 몰라. 그런 마음일 때는 무엇이든 날 상처 입힐 말만 내 그물에 걸리잖아. 갑자기 왜 그렇게까지 조급해졌을까. 하다못해 읽던 책에서 여자 나이 서른 중반이면 패배자라는 어이없는 내용이 폐부를 찌르기도 했으니까. 여자들의 나이를 이토록 단계별로 나눠 평가하고 있는지 그 전에는 알 턱이 없었으니 그 나이를 처음 겪는 나는 당황할 수밖에

없었지. 허물이 없기에 더 무례하게 내 외모를 평가하며
비수를 꽂던 가족들과 절망 속 유일한 희망이던 연애마저
이해할 수 없는 방식으로 자꾸만 어긋났어. 아, 어쩜 그럴까
싶게도 그때쯤 나의 사랑은 전부 실패였지. 운명의 상대라
확신했던 연인이 나를 속이고 있다는 걸 알게 되거나
그맘때쯤 나는 자존심도 없이 사랑할 가치가 없는 이에게
매달렸고, 누군가 나를 이토록 가볍게 취급할 수 있다는
사실에 끝도 없이 상처를 받고 좌절해야 했어.

내 인생에서 가장 치열하게 사랑을 잡으려고 노력했으나
모든 걸 놓치고 말았던 시절. 세상의 모든 게 나를
거부하던 시절. 내 인생의 주인공이 처음으로 내가
아닐지도 모른다고 생각했던 시절. 갑작스레 내가 살던 원
바깥으로 밀려난 사람처럼 두려웠어. 나는 진짜 사랑을
해본 적이나 있는 걸까? 그 무렵 무대 위에서 "방 안 가득
널 위한 노래" 하고 노래 부르면, 사랑을 모르면서 사랑을
노래하는 사람이라니 너무 끔찍하지 않나, 하는 생각에
괴로웠어.

생각해보면 그건 그저 한때의 어스름이었건만 그때는
이 모든 것이 단결하고 걷잡을 수 없이 부풀어 하나의

표지를 향해서만 발동이 걸리던 상태였지. 나는 내 음악도, 내 사랑도, 나 스스로도, 아무것도 지키지 못했구나, 하는 생각에 완전히 잠식되었어. 지금까지의 내 모든 게 틀렸다고 거대한 가위표를 그려놓은 듯한 밤. 그 무렵 갑자기 생겨버린 신경통이 내 머리를 옥죄면 나를 짓누르는 통증의 무게를 견딜 수 없어 기절하듯 데굴데굴 굴러야 했지. 무겁고 어지러운 슬픔이 침대 위를 뱅뱅 돌다 머리 위로 끝없이 쏟아지던 밤. 내 울음소리도 나를 위로하지 못하던 밤. 잠시 잠에 들었다 깨어나도 그 슬픔은 여전히 그 자리에 까만 얼굴을 한 채 서 있었어.

도무지 그런 밤을 견딜 수 없어지면 새벽에 일어나 기타 음을 길게 울렸어. 동굴 속에서 멀리 사라지는 듯한 소리의 끝을 바라봤어. 청춘이란 이렇게 쉽게 사라져가는 거였구나, 하는 허망한 마음으로. 잠을 이룰 수가 없어서 꿈결 같은 소리를 만들고 그 안에 숨고 싶다는 생각으로 노래를 하며 밤을 보냈어. 내가 언제 이곳에 흘러왔지? 젊음을 젊음인 줄 모르고 그곳에 서 있을 때 나의 삶은 불안하고 뜨겁고 슬펐지만 얼마나 생기 넘쳤던가를 곱씹으며. 조금 헤맸고 몇 번의 이사를 했고 몇 번의 연애와 몇 개의 노래를 냈을 뿐인데 돌아보니 기차에서 내려야 할 때를 지나쳐버린 사람처럼 자주 멍청해졌어.
이렇게 청춘이 휘발되는 속도에 당황하던 밤들이
계속되었어. 가장 소중한 것들만 모아 잃어버린 사람인
채로. 청춘이란 게 물성이라면 눈을 감고 깨무는 사탕의
부서짐 같은 것이겠구나, 하고 생각했어. 한 치 앞도 보이지
않는 깜깜한 밤에 입안에서 얇고 날카로운 결정으로
부서져 달콤한 맛을 내는 그런 것.

그맘때 괴로워하는 나에게 엄마는 자주 꿈 애기를
들려주셨어. 꿈속에 탐스러운 감이 주렁주렁 감나무에
달려 있는데 누군가 그 앞에서 징징대며 막아서서 하나도
따지 못한 채 지켜보아야 했다는 꿈. 지금 포기해야
하는 것들이 처음부터 네 것이 아니었다는 사실을 그냥
받아들이라는 이야기를 덧붙이셨어. 속상해봐야 너만
상하는 일이라고 말이야.

한참 후에 엄마는 신기하게도 그 꿈에서 이어지는 두 번째
꿈을 꾸셨어. 주렁주렁 달렸던 감들이 사라지고 새로운
감이 몇 개 그 나무에 다시 열렸더라고, 이전에 열렸던
감보다 훨씬 실하고 색깔도 고왔다고. 엄마가 하나 따서
맛을 봤는데 너무나 달고 맛있었다고. 엄마는 이제 앞으로

네가 새로 만들 이야기가 너에게 더 좋은 상황을 가져다줄 꿈이라고 몇 번이고 말씀하셨어.

나는 엄마가 늘 분란을 만들지 말라며 내 인생에 종종 종용했던 굴복을 탐탁지 않아 했지만, 그때의 나는 진짜로 어찌할 수 없는 상황이었다는 걸 이제는 알아. 그것이 사회와 어른들의 비즈니스 방식이라는 걸. 엄마의 꿈이 진짜였는지는 알 수 없어. 내게 위로를 전할 방식으로 꿈 얘기를 빌려 들려주신 건지도 모르지. 다만 그때쯤 나는 적어도 내가 만드는 노래의 주인이기로 마음먹었다는 거야. 여러 상황의 압박 사이에서 나는 홀로서기를 결정했어. 누군가의 조력이 없다면 완전히 망해버릴지도 모르지만, 나는 이제 내 노래의 주인이 되는 것이 무엇보다 중요했으니까.

인생에 '자의'라는 오만한 단어를 붙일 수 있는 사람이 과연 몇이나 될까. 선택은 늘 나의 몫이었다고 믿고 싶지만, 그 결정들이 진짜 '나'의 것이었는지는 자신이 없었어. 돌아볼수록 그 모호함은 늘 발끝 언저리에 남아 나를 더 두렵게 만들었거든.

'맥신Maxine.' 내 발매사의 이름이 무슨 뜻이냐고 물었지? 스파이크 존즈 감독의 영화 〈존 말코비치 되기〉에서 타인이 되기를 갈망하지 않고 유일하게 자의로 사는 인물인 '맥신'에서 따온 이름이야. 비로소 나는 내 이름 'FROMM'처럼 나로부터 나오는 이야기로 귀결할 수 있을 거라고, 그렇게 믿어보기로 했어.

언젠가 진희와 그런 대화를 한 적이 있어. 이 끈은 그냥 나만 잡고 있는 끈이 아닐까, 하는. 내가 놓으면 예술가의 삶은 끝나버리는 거 아닌가. 나만 이 끈을 놓으면 우리는 평범한 삶으로 돌아갈 것이라는 이야기. 우리는 끝없이 작업과 발표를 반복하고, 지난한 발매 우울을 겪으며, 아무도 불러주는 이 없는 시기마다 어김없이 은퇴를 되뇌고는 이런 이야기를 나누곤 해. 응, 그래. 나도 그런 것 같아. 우리는 동료나 타인의 활동이 너무 잘 보이고 어쩔 수 없이 나의 리듬이 미약할 때 타인이 걷고 움직이는 진동에 강한 자극을 받게 되거든. 그렇지만 지금 쌓아온 것들이 점점 확장되어가는 소리를 들어보라고. 나는 진희에게 말해. 가장 힘든 시기를 겪고 발매했던 앨범이 너를 숨 쉬게 했지 않느냐고. 누구보다도 분명한 하나의 결로 많은 것들을 다져왔고 그게 점점 너를 단단하게 확장시키고 있다고. 내 친구 중에 가장 열정 넘치고 음악 잘하는 진희도 이렇게 때론 지쳐. 나는 최근 스포티파이를 랜덤으로 재생해보니 망한 것 같다고 받아쳐. 사실 이제는 언제 부른 건지 잘 기억도 안 나는 오에스티가 프롬의 대표곡으로 주르륵 재생되어서 도무지 나라는 뮤지션의 색깔을 알기 어려울 정도라고. 그중에 좋아하는 곡도 있지만, 솔직히 말하면 오래전에 그냥저냥 클라이언트의 요구에 맞추어야 했던 곡들도 있잖아. 그만큼 외주가 많았던 거잖아. 그게 멋진 거야…… 하고 진희는 또 그렇게 나를 위로해. 그럼 그냥 서로 콧김을 내며 쿡쿡 웃고 다시, 내가 어제 노래 만들었는데 들어볼래? 하고 삼 초 만에 이전 이야기를 잊은 바보들처럼 대화의 흐름이 바뀌어버린다. 그러니까 나만 붙들고 있다는 그 끈은 알고 보면 서로가 붙든 끈으로 이어져 서로의 삶을 지탱하고 있는 게 아닌가 싶어.

나는 사실 지독한 염세주의자인데다 정말 예민한 사람이잖아. 가끔 너는 고슴도치 같은 내가 어떻게 늘 아무렇지 않은 척 웃는 얼굴로 사느냐고 나에게 말했지. 어릴 때 나를 가장 오랫동안 지켜본 네가 그렇게 말해 줄 때에야 나는 내가 그런 사람이구나 생각해. 그런데

나는 사람들이 나를 웃기고 가벼운 사람으로 봐주는
게 좋아. 내 뾰족하고 어두운 부분들 몇 개쯤 건너뛰고
나를 세어주는 게 좋아. 나는 내 인생이 너무 무거워서
그것만으로도 견딜 수 없었거든. 예술가들이 대부분
현학적인 대화만 하며 살 거라 생각하는 사람도 있겠지만,
사실 내 주변의 사람들은 대부분 다 미칠 듯이 웃긴
사람들뿐이야. 친구 아솔이 말로, 우리는 '탐잼 인간'.
하나같이 노래와 이렇게 닮지 않을 수 있나 싶은 사람들.
웃긴 사람들은 대부분 좀 이상하지. 눈치 빠르고 예민하고
언제 어디에 끼어들어서 상대를 파고들지 호시탐탐
타이밍을 노리고 있는 사람들이야. 그런 사람들이
서로를 무너뜨리고 웃기고 배를 잡고 뒤집어지다 집에
돌아가서 가만히 자신의 시간을 만드는 거야. 가사를
쓰고 건반을 누르고 시나리오를 쓰고 영화를 만들고
그림을 그리고 새로 나온 기타 매물을 확인하고 아이를
재운 뒤 비트를 찍고 책을 엮고 후배들 음악을 모니터하며
발매를 준비하지. 나는 어느 순간 이 모든 삶이 웃음과
어울려 지나가는 순간임을 깨달아. 우리가 만드는 소리와
이야기는 그저 예술이 의미 있다고 여겨지는 고리에서
따오는 것이 아니라 우리가 살아온 방식과 각자의 삶과
맞물려 있다는 것도.

J야, 나는 이 세상의 모든 사람이 노래를 만들 줄
안다면 좋지 않을까 생각해. 내가 나로서 살기 위한 방식,
조금 덜 외로운 인간으로 사는 방식, 매일의 슬픔을
조금씩 지워가고 무게를 덜어내는 방식으로 이 일은 참
탁월하다고 느끼니까. 내가 마주한 시간들을 시기마다
하나의 결과물로 만든다는 것. 우리가 어릴 때 나눴던
꿈속에 내가 들어와 있다는 사실이 가끔 너무 감사해서
다 가짜 같아. 철저히 혼자이고 싶다고 생각한 순간마저도
결국은 누군가에게 들키고 싶은 마음. 아무에게도 보이지
못할 이야기를 결국 노래로 만들어 세상에 까발리는 행위.
이 모순적인 순간에 내가 진짜 인간이라고 느껴. 뜨거운
피가 흘러 관심과 온기 없이는 견딜 수 없는 신의 피조물
인간이라는 사실 말이야.

이렇게나 긴 글을 쓰다니 웃기는 인간이 아니라 진상이네
이년, 하고 네가 혀를 내두를 것 같지만 내가 내 노래의
주인이 되기로 한 덕분에 아직도 음악 하는 사람으로
살고 있는 것 같다고. 언젠가 네가 해준 기질 테스트에서
인내심 항목이 백 점 만점에 삼 점 나온 내가 십 년 넘도록
음악 하는 사람으로 살아가고 있다는 게 믿어지니? 새삼
나도 믿어지지 않는다. 때때로 이렇게 믿어지지 않는

밤을 곱씹으며 감사하지 않으면 견디기 힘든 때도 있지만, 견디는 것을 잘 견디면 영원 같던 밤도 지금처럼 한때의 위로로 꺼내 쓸 수 있게 되는 거겠지. 때로는 이렇게 현재가 과거를 구할 수도 있게 되는 거겠지.

우리가 유기물처럼 붙어 다닐 때 너는 내 꿈의 연료였고 네가 없는 세상은 회색이라며 네가 어느 날 죽어버릴까 봐 두렵던 나였는데, 이렇게 오래 떨어져 살고도 각자 컬러풀하게 잘 살고 있는 게 우습고 그래. 잃어버린 것들을 전부 전시해두고 매일 붙잡고 울던 나였는데, 이제 버리지는 못해도 서랍 속에 넣어둘 수 있는 사람 정도는 된 것 같아. 넣어두고 보니 여전히 우리는 젊다. 여전히 젊다는 문장을 쓰는 순간 이렇게 올드한 냄새가 나는 이유는 뭔지 모르겠지만 초청춘은 아니어도 중청춘쯤은 되는 것 같아. 그러니 우리 사랑을 더 사랑하고, 사랑할 때 그게 사랑인 줄 아는 사람으로 살아가보자. 그렇게 내일을 견뎌내보자.

또 다른 새벽.

피로에 지친 심장이 자꾸만 두근댔다. 달칵. 메일 발송 버튼을 누른다. 그새 창가의 풍경은 바뀌었다. 밤새 꺼지지 않는 줄 알았던 네온사인은 새벽 4시를 기점으로 잠잠해졌다. 창가에 춤을 추던 네온사인이 사라지자 멀리서 새벽의 파랑이 스민다. 모든 과정을 스스로 한 첫 앨범 〈Midnight Candy〉 발매자료를 유통사로 보낸다.

'From MAXINE', 자의라는 이름으로.

인생,   도쿄 그 어딘가

행은 데뷔 초부터 나의 뮤직비디오나 티저영상 제작을
대부분 함께 했던 감독이다. 서울에서 주로 촬영했지만
이국적 풍경이 필요할 때면 가장 가까운 선택지인
일본에서도 자주 촬영했다. 뮤비를 찍으러 도쿄나
홋카이도 등지에 간다는 게 반짝반짝 빛나는 가수의
삶처럼 보일지 모르겠지만, 실상 이 촬영은 작디작은
제작비를 오로지 그림을 위해 유용하는 행의 살신성인으로
이루어진다. 행의 입장에서는 어떻게 촬영을 해도 남는 게
없는 작업인 까닭에 오래전부터 나는 큰 빚을 지고 있다.
우리의 뮤비 기행이 늘 소수 정예일 수밖에 없는 이유기도
하다. 보통은 행, 행과 함께 연출을 맡는 윤, 나 이렇게
셋이다.

때에 따라 다르지만, 해외 촬영의 경우 예산 문제로 스타일리스트나 헤어메이크업 스태프까지 동행하긴 어려울 때가 많다. 그럴 땐 다행히 자연미를 추구하는 그들 덕분에 얼추 우리 선에서 할 수 있는 방법을 찾아왔다. 뒤통수 머리가 엉망으로 묶여 있다거나 한쪽이 삐쳐 있는 걸 나중에 모니터 하다 발견하게 될 때도 있지만, 그 정도는 감수해야 하는 쿨맨의 길인 것이다.

행은 그동안 꾸준히 작업을 이어오며 다양한 장르에서 많은 영상작품을 만들어왔다. 이제는 많은 스태프들을 이끄는 감독이 되었고, 규모 있는 작업을 지휘하는 일도 자연스러워졌다. 그런 행이 나와 함께 작업할 때는 기꺼이 다시 처음처럼 소수로 구성해 움직인다. 그러면서도 그 많은 역할을 빈틈없이 해낸다. 사소한 것 하나 놓치지 않으며 작은 디테일까지 완벽하게 준비한다. 현장에서 긴장을 늦추지 않은 채 기민하게 움직이고, 더 나은 장면을 위해 고민하며, 책임감 있게 흐름을 끌고 간다. 행과 윤이 서로 앞다퉈 의견을 내며 깊이 작품에 몰입할 때 곁에 있으면 그 열의가 살갗에 불꽃처럼 튄다. 뜨거운 열기가 피부로 느껴질 만큼 생생하게.

무엇보다 가장 믿음직스러운 건, 그들의 머릿속에 있는 그림이 언제나 분명하다는 점이다. 그 선명함과 뜨거움 옆으로 나는 슬쩍 한걸음 빠진 채 평온해진다. 어리광이나 피우며 완전히 안심한다. 내가 의심하고 일일이 참견하고 신경 쓰지 않아도 누군가 내 노래와 완벽하게 조화로운 작품을 만들기 위해 최선을 다한다는 것. 그 과정을 지켜보는 건 늘 즐겁고 아름답다. 마치 오랜 시간 제품 개발을 마친 백발의 박사가 '이제 때가 왔어'라고 되뇌며 자동화 시스템의 버튼을 눌러놓고 조용히 주저앉아 지켜보는 듯한 기분이 된다.

여전히 대규모 세트장은커녕 예산을 크게 늘려주지도 못하지만, 나는 그들 작품의 질감, 시선, 무드, 열의 그리고 그 모든 일의 진행 과정까지 너무나 사랑한다. 대부분 뮤비를 촬영할 때면 나는 음원 작업과 음반 발매 준비에 지칠 때로 지친 상태다. 이들이 짠 일정대로 움직이며 모든 것을 위임한 채 그저 수동적인 인간처럼 그림 속 역할만 충실히 수행하는 건 내 일 중 가장 달콤한 과업 같다.

다시, 행과의 뮤비 촬영 현장. 짧은 기간 동안 최대한의 결과를 만들어내야 하니 촬영은 언제나 강행군으로 진행된다. 점심 식사나 하루치의 촬영을 모두 마치고 갖는 저녁 식사 시간이 유일한 휴식이다. 피로했던 하루를 위로받는 시간이다. 행은 뜨끈한 츠케멘을 라지 사이즈로 시킨 다음, 산처럼 쌓인 면을 몇 젓가락에 후루룩 삼키고는 한참을 음미한 뒤 두 눈을 감고 말한다.

"와…… 이거 진짜 인생이다."

행과 윤은 돈가스집에서도 소바집에서도 버거집에서도 맛있는 음식을 먹을 때면 늘 인생을 입에 달고 산다. 마치 멋진 장면을 화면에 담아냈을 때처럼. 고되게 화산에 올랐다가 넝마가 된 채 내려왔을 때도, 하루 종일 무거운 장비를 들고 걸어 다니느라 지친 날에도 그렇게 맛있는 라멘 한 젓가락에 이게 인생이라고, 순수하고 해맑은 감탄과 맞바꾼다.

오늘 우리의 피로가 위장 속에서 따뜻하게 열을 발산하며 녹는다. 인생을 이렇게 쉽게도 맛볼 수 있다는 게 웃겨서 피식 웃는다. 그들이 인생을 입 밖에 내는 순간만큼은 시간의 흐름이 감각되듯이 식탁 앞으로 느릿느릿 걸어가는 내 인생이 보이는 것만 같다. 너희처럼 자주 만족하고 자주 감탄을 내뱉는 사람이고 싶다고 생각하며, 낮에 우리가 함께 본 노을도 인생 노을이었음을 뒤늦게 깨닫는다.

나는 끓는 물을 연신 째려보며 연기 속에서 끝없이 면을 건져내는 남자를 본다. 붉고 오래된 주름을 얼굴에 잔뜩 달고 날카롭게 반짝이는 눈빛으로 리드미컬하면서도 절도 있게 물기를 털어내는 그의 모습은 그것만으로 단련된 채 살아온 자 특유의 아우라가 넘친다. 서로 다른 나라, 각자의 삶 안에서 조용히 닳아갔을 누군가의 인생도 아름답게 느껴지는 저녁이다.

다음 날 우린 도쿄의 한 카페테라스에서 브런치를 먹다가 빛이 좋다며 잠깐 촬영하기로 한다. 행과 윤은 멀리 떨어져 자리를 잡으며 열심히 공간을 만들어 세팅한다. 나에게 장미 소다를 저으라고 손짓한다. 모처럼 도심에서의 촬영이 꽤나 여유 있게 느껴져서 신바람이 난다. 뮤비 기행이 늘 순탄치만은 않기에.

태풍이 몰아쳐 실내에서만 촬영해야 했던 오키나와. 밤새 바람에 집이 흔들려 편의점 음식으로 끼니를 때우며 식탁에 모여 앉아 있던 새벽. 눈물이 날 만큼 추웠던 하코타테에서 카메라를 쥔 행의 맨손이 새빨갛다 못해 보랏빛으로 변해 있던 기억. 출발 직전 일기예보에 전부 비가 떠 있어 울며 좌절했던 날. 촬영지를 옮겨 도착할 때마다 돌아가며 한 명씩은 꼭 아프기도 했었다. 그렇지만 그런 밤에도 우리는 뜨끈한 국물을 마시며 인생을 꼭 한 번쯤은 말했겠지.

나는 빨대로 천천히 장미 소다를 젓는다. 잘게 잘린 붉은 장미꽃과 탄산이 회오리치며 햇빛을 따라 반짝거린다. 멀리 희한한 옷에 고슴도치 머리를 한 사람들이 무리를 이루어 시끄럽게 떠든다. 분위기를 잡고 있어서 웃으면 안 되는데 왠지 자꾸 웃음이 나온다. 난 부른 배를 두드리며 인생을 논하는 자들과 로커들이 횡단보도를 우르르 가로지르는 도쿄 한가운데서 뮤직비디오를 찍고 있다. 그 사실이 아름다워서, 왠지 모르게 내 인생이 꽤 찬란하다고 느껴져서, 그래서 자꾸만 웃는다.

아 참, 행의 반려견 이름은 라잎이다. 영어로 Life.

에필로그 　　　　　두 개의 빛

무대 위에서 관객석을 바라볼 때 만나는 빛이 있습니다. 공연장 뒤 벽면에 박힌 빨간 불빛의 디지털시계입니다. 나를 바라보고 선 관객의 눈에는 보이지 않지만, 무대 위에 선 자는 매 순간 그 빨간 불빛을 응시합니다. 고요한 듯 온갖 기척이 뒤섞인 공연장의 적막 안에서 그 시계는 무대의 남은 시간을 계측하고 있습니다. 처음 무대에 올라 시계를 바라보면 숫자는 어느 때보다 공정하게 흐릅니다. 앞으로 밀려들 무거운 시간의 밀도가 초 단위로 피부에 새겨지는 느낌이랄까요.

무대 위에서 보이는 또 하나의 빛은 초록 불빛의 비상구 안내등입니다. 예전에는 무대에 오르는 동시에 저

비상구를 향해 힘껏 도망치고 싶다고 생각했어요. 그런데 신기하게도 눈을 꼭 감고 두려움 속에서 노래를 시작하면 그때부터 시간은 아주 빠르게 흘러갑니다. 그리고 정신을 차려보면 숫자는 중반, 또 그다음 순간을 지나 어느새 마지막을 향해 깜빡이고 있는 것입니다. 부풀어 오르는 심장을 몇 번이고 삼켜 제자리로 돌려보내던 첫 무대의 그날로부터 오늘까지. 제 삶은 언제나 그 두 불빛 사이에 서 있었는지도 모릅니다.

저는 허술한 완벽주의자입니다. 허술과 완벽은 절대 만날 수 없는 평행선처럼 뻗어 있어 그 틈에서 필연적으로 흔들리고, 자주 우울해집니다. 그러다 때로는 불쑥 솟구치고, 그 끝에서 무언가를 건지면 잠시 우쭐해하기도 하지요. 그것이 허술한 완벽주의자의 삶의 형태이자 리듬입니다. 내 삶은 흔들리고 우울하고 한번쯤 우쭐대는 반복의 고리 안에서 뱅뱅 돌고 있는 셈입니다.

언젠가 그 고리 안에서 길을 잃었던 시기가 있었습니다. 그 시기에 두 분의 편집자를 만났습니다. 저는 평생 자신 없는 일에 도전해본 적이 없습니다. 서툰 마음을 꺼내 보이는 일에는 더더욱요. 그러니 책을 쓴다는 건 저의 기질과는

아주 거리가 먼, 제 안의 방어 본능을 잠시 꺼두어야만
가능한 시도였습니다.

'선생님의 책을 만들고 싶습니다'라는 제목의 메일을
받고 못 이기는 척 미팅에 나간 것도 사실은 칭찬이
고파서였습니다. 앨범에 대한 피드백이 목마른 갈증처럼
간절했던 때, 음악 안에 미처 담지 못한 숨결과 미열을
글로 옮기고 싶다는 말이 위로처럼 들렸기 때문입니다.
그날의 미팅이 거절을 위해 나간 미팅이었음을 고백합니다.
오로지 메일에 써주신 앨범에 대한 칭찬을 직접 듣고
싶었던 알량한 욕심과, 언젠가를 위한 다정한 거절을 한
조각쯤 남기려 했던 자리였습니다. 아주 불손하고 얄미운
출정이었달까요.

먼 길을 마다하지 않고 두 분의 편집자님이 저를 만나러
와주셨습니다. 그 자리에서 단숨에 뭔가 묘한 기분을
느꼈습니다. 저는 사람을 알아보는 눈만은 꽤 정확한
편인데, 이분들은 그냥 스쳐 보내면 안 된다는 표지가
강력하게 머릿속에 깜빡였던 것입니다. 미팅 장소에 아주
일찍 도착해 긴장한 마음으로 줄담배를 피우셨다는
이야기를 들었을 땐 괜히 웃음도 났고요. 기대했던 음악에

대한 칭찬도 맘껏 들었습니다. 그러나 이내 정신을 차리고 원래의 제 의도에 맞게 행동했습니다. 저는 자신 없어 하며 출간의 끈을 이리저리 끊어놓기만 했습니다. 그럴 때마다 두 분은 능숙하게 방호막을 펼치며 모든 핑계와 회피를 찰떡같이 막아내셨습니다. 그렇게 자잘한 저항의 끈을 하나씩 엮어 단숨에 스웨터 한 벌을 떠내듯 설득이라는 묘기를 펼치셨지요. 저는 가만히 혼자 고양되었습니다. 정신을 차려보니 어느새 박수에 춤을 추는 강아지처럼 "열심히 잘 써보겠습니다!"를 외치고 있었어요. 아직도 그 순간이 마법처럼 아른거릴 만큼 저는 책을 만드는 동안 두 분께 많은 마음을 선물 받았습니다. 하나의 완성을 향해 겹겹이 쌓아올린 이 관계는 아이러니하게도 완성과 동시에 조용한 완결을 맞이하겠지요. 두 분과의 남은 여정이 이제 헤어짐이라고 생각하면 마음 한편이 슬퍼집니다.

책을 쓴다고 했을 때 '탐잼 인간'의 전형인 옥상달빛 윤주 언니는 말했습니다. "아아! 얼마나 웃길까!" 사실 제가 글을 쓰며 걱정할 때면 "네가 말하는 걸 그대로 활자로 옮겨 쓰라"는 말을 주변 사람들에게 수도 없이 들었습니다. 목소리도 크고 말하기 좋아하는 나 같은 사람들이 흔히 듣는 말인가 봅니다. 하지만 말이 얼마나 간편한 도구인지

글을 쓰면서 깨달았습니다. 표정으로, 몸짓으로, 뉘앙스로 감당할 수 있던 것들이 글 앞에서는 무력했습니다. 그러니 글은 저에게 손발을 접은 채 골인 지점까지 달려야 하는 달리기 같았습니다. 노래와 말 대신 문장을 내보이며 시간을 달려야 하는 무대였던 셈입니다.

우리는 모두 저마다의 무대에서 공연을 합니다. 그리고 도망치지 않은 무대는 반드시 끝이 납니다. 관객이 몇 명이건, 삑사리를 냈건 간에요. 뜨거운 박수든, 의무감으로 내리치는 박수든, 그 순간에는 기꺼이 받아냅니다. 책 속에서 언급했던 인내심 점수 삼 점의 내가 지금 에필로그를 쓰고 있다는 사실에 감격합니다. 인생도 결국, 무대 위의 시간처럼 돌아가는 것 아닐까요. 시작 전에 떠오른 두려움은 그저 사소한 잡음일 뿐, 첫 노래에 입을 뗀 순간처럼 모든 게 순식간이었던 것 같아요. 그리고 그사이 단 한 번도 비상문의 손잡이에 손을 대지 않았던 것을 깨닫습니다. 그것은 두 편집자님의 다정함이 언제나 이 이야기를 끌어내고 지켜주신 덕분인 것 같습니다.

책을 만드는 방식은 생각보다 훨씬 느렸고, 낯설었고, 그러면서도 이상하게 재미있었습니다. 신기하게도 늘 가슴에 손을 대면 만져지던 이상한 외로움 같은 것들이 글을 쓰는 동안에는 잠시 사라지는 것 같기도 했습니다. '선생님'으로 저를 호칭할 때마다 어이쿠! 하면서 어색해하던 순간도, 처음 보는 낯선 용어들도, 비교적 딱딱하게 지적을 거듭해야 하는 음악 수정과는 달리 오늘의 날씨와 마음의 안위를 살펴 물으며 메일을 마무리하는 편집자님들의 언어를 흉내내보려 애썼던 시간도 떠오릅니다. 그 순간만큼은 스스로도 좀 더 다정한 사람이 된 듯한 기분이 들었습니다. 가끔은 본성을 누르지 못해 느낌표 살인마 같은 메일을 보내기도 했습니다만 두 분이 가진 언어의 온도를 저도 조금은 흡수했기를 바랍니다.

김진형, 유승재 두 분의 편집자님, 박연미 디자이너님. 이렇게 과분한 분들과 첫 책을 만들 수 있었던 행운에 마음 깊이 감사드립니다. 또 오래 짝사랑해온 요조님의 따스한 추천사를 받아들일 수 있음에, 넘치는 마음으로 감격을 선물해주신 희연 시인님의 추천사를 읽을 수 있음에도 다시 한번 감사드립니다.

어느새 이 무대의 시계가 끝을 가리키고 있네요. 저는 이만 여기서 무대를 마치려 합니다. 에필로그까지 읽어주신

분들의 지적 체력에 존경을 표하며, 진심으로 인사를 전합니다. 고맙습니다.

2025년 봄에
이유진

찬란   music
플레이리스트   for reading

1   프롬   Water | piano version by 권영찬
2   프롬   봄은 겨울이 꾸는 꿈 | piano version by 전진희
3   프롬   낮달 | piano version by 권영찬
4   프롬   서로의 조각 | piano version by 전진희
5   프롬   슬픔을 위한 체리 | song for essay, demo

슬픔을 위한 체리

음 오늘 난
날 위한 체리를 사
음 느껴봐
체리의 달콤하고 아삭한 풀내음

음 뱉어봐
체리의 씨앗을
음 퍼져와
체리의 단단하고 새빨간 체취

I'm falling like a cherry
부끄러운 날들이여 체리
뒹굴대는 슬픔이여 체리
오 체리 오 체리
달콤한 내일을 향해 가네

독한 체리색 향초도
톡톡한 체리코크도
무엇도 흉내낼수 없는
궁극의 빨간 맛

체리 오 체리
체리 체리 오 체리
체리 달콤한 내일을 향해 가네

프롬 작사·작곡(2025).

찬란을 기대하지 않는　　　찬란

1판 1쇄 찍음　2025년 6월 10일
1판 1쇄 펴냄　2025년 6월 20일

지은이	이유진
펴낸이	김정호
주간	김진형
편집	유승재 김진형
디자인	박연미
펴낸곳	디플롯
출판등록	2021년 2월 19일(제2021-000020호)
주소	10881 경기도 파주시 회동길 445-3 2층
전화	031-955-9505(편집) · 031-955-9514(주문)
팩스	031-955-9519
이메일	dplot@acanet.co.kr
페이스북	facebook.com/dplotpress
인스타그램	instagram.com/dplotpress

ⓒ 이유진 2025

ISBN　　　　979-11-93591-37-6　03810

디플롯은 아카넷의 교양·에세이 브랜드입니다.
아카넷은 다양한 목소리를 응원하는 창의적이고 활기찬 문화를
위해 저작권을 보호합니다. 이 책의 내용을 허락 없이 복제,
스캔, 배포하지 않고 저작권법을 지켜주시는 독자 여러분께
감사드립니다. 정식 출간본 구입은 저자와 출판사가 계속해서
좋은 책을 출간하는 데 도움이 됩니다.

ISBN 979-11-93591-37-6   03810

값 18,800원